作者．寂天菩薩、巴沃祖拉稱瓦
編譯者．羅卓仁謙

《菩薩生活建言錄詳解．深廣無邊大乘法海之精髓》第一部

得此道心，成為無畏

THE DALAI LAMA

2022年，在向台灣求法信眾宣講佛法時，有人問我：「哪一部藏文經典最值得翻譯成中文？」我回答：「如果能將《入中論》、《入菩薩行論》和《密勒日巴尊者傳記》等翻譯成中文，將是最好的選擇。」如今，羅卓仁謙譯師將巴沃祖拉稱瓦於十六世紀所著的《菩薩生活建言錄詳解．深廣無邊大乘法海之精髓》翻譯成中文，對此，我表示隨喜與讚賞。

自1969年開始，我在庫努喇嘛丹增堅參的座前，開始學習寂天菩薩的《入菩薩行論》。此後，我一直致力於修行，並在不同的地方為求法者講解這部論典的深義，迄今已講授數十次，這不僅使他人獲益，也令我自身收穫豐碩。我常常強調，《入菩薩行論》根據嚴密的邏輯闡述了菩提心的三個階段：未生起菩提心的生起、已生起菩提心的安住，以及已安住菩提心的增上。這是一部非常殊勝的論典，對於實踐佛法的聽聞、思維和修行都具有深遠的意義。

祈願此譯著能夠廣泛地利益那些透過華語學習、修行和研究菩提心的人，並在修行菩提心的道路上，善巧地引導學生。

釋迦比丘 達賴喇嘛 丹增嘉措

藏曆2051年，西元2024年12月20日

The Karmapa

第十七世大寶法王噶瑪巴序

「菩提心」的修持乃大乘佛教之根本，行菩薩道之精髓。公元十一世紀左右，阿底峽尊者從印度不遠萬里來到藏地，在開啓了噶當派傳承的同時，也為這片雪域高原帶來了完整的「菩提心」次第修行法門。

噶當派作為藏傳佛教「後弘期」早期時代最具影響力、最受尊崇的教派，其思想深深影響了後來形成的寧瑪派、噶舉派、薩迦派、格魯派等其他派系。也正因如此，所有這些教派最基礎且核心的修行和教授基本上都是跟「菩提心」有關的內容。

既然「菩提心」法門如此殊勝和重要，那麼自古流傳下來的相關經論可想而知必定是數不勝數。在眾多文獻當中，由寂天菩薩所撰寫的《入菩薩行論》可以說是最著名，也是最實用的一部。

首先，這部著作在開篇通過優美的詩詞形式讚頌了菩提心的珍貴。接著，針對如何培養和鞏固菩提心的方法進行了詳細的說明和闡述。比如說，如何先從「思惟暇滿人身難得」的修持著手，逐步引申到對「輪迴之過患」有所認識等一系列內容。總之，目的是讓修行者能夠生起真實無偽的出離之心。這一部分內容相對來說比較側重於幫助修行者在思維觀念上產生一些轉化和轉變。另一方面，論中還介紹了例如「七支供養」等前行法門，旨在幫助行者集資淨障，而後再結合「自他相換」等實修方法，最終確保行者在身、心兩方面都充分做好準備的情況下，踏上真正的菩薩道。

所以，古往今來《入行論》正是以這種循序漸進、詳細又全面的教授方式使得無數藏族人步上修行之途，證得究竟佛果。而它在藏傳佛教中一直備受推崇，經久不衰，甚至被列為噶當派六大經典之一也就不足為奇了。

那麼，如此一部經典自古以來自然不乏各種注釋和註解。本書所依據的注釋名為《入菩薩行論詳解．深廣無邊大乘法海之精髓》，作者是噶瑪噶舉六大法子之一——第二世巴沃祖拉稱瓦。這位大成就者不僅通達顯密，精通五明，同時也是一位著名的藏史學家。他所撰著的這部《入行論》註解在藏傳佛教中被認為是最為詳實的一部：書中以獨具一格的學術視角從不同層面對《入行論》進行了深入的分析和闡釋。總體而言，這部釋論不僅內容精深詳盡，而且語言優美流暢，具有極高的文學價值。

近聞羅卓仁謙將此論譯成中文，由鷲峰出版社分三部出版，深感隨喜，願此書能夠幫助和引領更多修行者踏上菩薩之道，實踐菩薩之行！

第十七世大寶法王噶瑪巴鄔金欽列多傑
2024 年 12 月 24 日

編譯者序

總地來說，身為佛弟子，我們能夠依循的修行方式只有兩大類：或是投入到追求個人解脫的隱士生活、或是過著「菩薩道」的生活方式。後者的修行方式非常多元，也不追求於此生就完成整個修行歷程，而是願意在輪迴中待更長的時間，以期望更大的目標——無上正覺。

然而，相對地，菩薩道修行所要求的「心志之壯闊」自然難以言表，我們從我的前一本譯作《愛的無畏，一再輪迴，只為見你一眼：佛陀本生鬘百集》中的各種故事可見一斑：這條道路不以個人解脫為滿足，而是發願度化一切有情，這種精神之所以可貴，在於菩薩雖然在修行路上，越來越認識到輪迴之苦，卻不會因此退卻，反而生起更大的悲願，立志救度一切眾生。

菩薩們深知，若要成就無上正覺，必須在無量劫中累積功德，歷經種種艱難，但正是這種堅定的信念與無畏的精神，讓菩薩能夠在漫長的修行道路上永不退後。

然而，菩薩道的修行並非易事：大乘佛教的經典極為廣博，修行條目更是重視「六度萬行」等龐大的內容，從佈施到智慧，每一項都必須深入實踐；這些內容龐大而繁複，不但需要極大的毅力與智慧來貫徹，也需要極大的時間和精神成本的投入。

這對於許多初發心的菩薩來說，往往因為不知從何處著手，或是被這些浩瀚的內容所震懾，而感到迷失與困惑。

正是在這樣的背景下，寂天菩薩所著的《建言錄》（《入菩薩行論》）顯得格外珍貴——本論文字優美，結構嚴密，完整呈現菩薩道的修行次第，是一部指引初學者的明燈。論中不僅詳述發菩提心的重要性，更具體闡明了如何在生活中實踐菩薩行。寂天菩薩以其親身體驗，將修行中可能遇到的種種障礙與克服方法，都做了細膩的說明。

特別值得一提的是，寂天菩薩自己就是本論的實踐代表：根據記載，當他住在寺院時，整天都只會吃、拉、睡，飽受歧視，但沒有人知道；這位看似懶惰的僧人，其實是個偉大的菩薩，而這樣的示現也彰顯出，就算過著無比平凡的生活，其實也能活出深邃的菩薩精神，這對於現代的「菩薩道修行者」來說，無異於找到了一位睿智的導師，為我們指明道路。

《入菩薩行論》在藏傳佛教中地位崇高，是噶當派的根本典籍之一，歷代大師無不重視此論，近代更是受到　尊者達賴喇嘛為首，藏傳佛教菩提心修行之王們的推崇。《入菩薩行論》於中文中早在宋代就有譯本，但並不完善，近年有隆蓮法師、如石法師們的譯本，都是古文偈頌體的翻譯，實在優美流暢。

然而，鑑於現代人的閱讀能力參差不齊，本論中又有許多探討「空性」的議題較為艱澀，故我在二〇二一年重新將其翻譯為白話文體，取名為《建言錄》。

本書的翻譯，則是基於二〇二二年，我擔任台灣國際藏傳法脈總會第六屆理事長，覲見尊者　達賴喇嘛時曾詢問尊者，我們這些弘法者，在華人世界向一般人推廣佛法時，應該重視何種書籍？特別是面對並沒有時間大量閱讀、深入經論的一般人時，應該分享什麼樣的佛教觀點？

當時尊者公開回答，《入中論》、《建言錄》和《密勒日巴尊者歌傳》三本，能對人產生很大的啟發；故我於兩年前翻譯出版了最完整的《密勒日巴尊者歌傳》於前，這次則翻譯此《得此道心，成為無畏：菩薩生活建言錄詳解．深廣無邊大乘法海之精髓》於後。

本書是藏傳佛教公認，針對《建言錄》的各版註解中，資料最為詳細、論述最為廣博、篇幅最為龐大的一本，作者是知名歷史學家巴沃祖拉稱瓦，屬噶舉派，其所著作的《賢者喜宴》佛教史，深受現代學術界一致認同，是研究藏傳佛教歷史最為權威性的著作。

他寫的這本《菩薩生活建言錄詳解．深廣無邊大乘法海之精髓》，保持了其歷史學家風範，深度剖析《建言錄》的各種主題，加以引言的補充，再針對自己的解釋去編成「頌」，有便於傳讀。

本書原文有三十萬字，我們規劃分成三本來翻譯與出版：第一部（即此書）關注在解釋《建言錄》第一章到第四章的內容，第二部將關注在第五章到第八章，第三部則會特別關注在《建言錄》的重頭戲：〈般若章第九〉和最後的迴向願文。

我在翻譯的過程中，同時微量地調整了我於二〇二一年的《建言錄》譯文，並重新整理了目錄、科判和章節的分隔方式，採用現代讀者比較便於理解的行文邏輯呈現。

另，本書的許多引文，沿用自岡波巴大師的《解脫莊嚴論》中的經論引文，我當時翻譯《解脫莊嚴論》時，針對這些引文的出處進行了完整的考證與備註，故於此書中就不再呈現，直接將《解脫莊嚴論》中所引的引文內容沿用過來。

本書的出版，首要感謝我投花所得之上師、我生生世世的唯一怙主， 尊聖大寶法王噶瑪巴的慈悲；正是有幸親炙上師，我這樣的濁惡凡夫才能於生活中體驗到「菩薩」的身教言教於萬一。其次，也要感謝本書的 190 位施主的支持，容我將其名錄呈現於後。

我也需要感謝工作團隊，包括林育丞、簡正坤、張婷雅、賴政楷等家徒們的付出，以及責任編輯江致潔及設計黃子恆的用心，讓此這部珍貴的論著得以問世，願此善業能使其第二部與第三部的出版順利圓滿。

我時常覺得，有漏的生命總是充滿了恐懼、不安和慾望；正因如此，不論是面對環境、關係、物質，乃至輪迴、無明等等的困境時，能夠活出「無畏」的生活，是如此地讓人心嚮往之。

願正法久住　利益人天

是為序。

羅卓仁謙

2024 年十一月字於杜拜

目錄

菩薩生活建言錄詳解——

深廣無邊大乘法海之精髓

頂禮一切佛菩薩！
本書是針對《菩薩生活之建言錄》的註解。

利樂本源正等覺，其唯一因菩提心，
具此心者皆堪禮，願我亦入菩提行。

浩如煙海的大乘論典中，有一部著作在印度如日月般名聞遐邇，即共有一百零八位大學者為其註解的《走入菩薩生活之建言錄》（《入菩薩行論》）。這部論典共有十品、一千頌，是我們將要闡述的佛法。

本論的作者即大阿闍黎「寂天」，阿闍黎黑天讚嘆他曰：「智者普讚為，人間二文殊。」昆布提遮那說：「雖然佛法中出現了許多偉大人物，但在證悟和意趣上，沒有人能與寂天的貢獻相提並論。」智作慧的注釋中提到：「聖者寂天通達一切經典的究竟意義，並獲得禪定的偉大自在。」金剛座大成就者的會集讚詞中說：「著論能飛空，圓滿菩薩學——寂天。」

我為了培育自己的信心，將寂天大師的功德造偈讚嘆：

文殊金剛尊加持，金剛瑜伽母攝受，
現見八萬四千法，寂天尊前我頂禮。
旃檀木劍令放光，降伏王臣眷屬慢，
引導弟子入正道，智慧無礙尊前禮。
專注內觀而安住，入於八萬四千定，

極無戲論勝行者，迅成勝道尊前禮。
智者大師數十萬，及眾生海皆折服，
宣說新論菩薩行，智慧無盡藏前禮。
「不聚焦實無實」句，升空如雲並文殊，
消融無蹤說法盡，圓滿正法尊前禮。
得不忘陀羅尼者，結集建言錄典籍，
及自所造二論典，授記許可尊前禮。
數論成就瑜伽師，空中繪畫壇城時，
盡智定風威神力，吹毀無餘尊前禮。
後造「外道敗地」名，高樹佛教勝利幢，
正道光明廣弘揚，降伏魔眾尊前禮。
乞食缽中米一粒，廣大信解加持力，
令多乞者皆飽足，引入無謬道前禮。
旃陀羅女酒商織，梵志獵農皆攝受，
導入殊勝大手印，悉達上師尊前禮。
聖境智者成就眾，多過天空繁星數，
眾中猶如大日輪，無諍稱揚尊前禮。
如海論典雖無量，求出得入大乘道，
賜彼醍醐唯我師，是故第二佛前禮。
雖無親見尊容緣，堪為所化持聖教，
惟願大悲攝受我，垂賜如所見大智。

◆ 關於寂天的生平，印度主流的說法可見於毘布提遮那所寫的註解中：

南方的那伽城，有一位王子出生為「文殊甲冑王」的大妃之子，這位大妃實為金剛瑜伽母的化身。王子精通世間一切才藝，但當他即將被立為王儲時，大妃卻在某天用極熱的水為他沐浴。王子無法忍受這個溫度，此時，大妃藉機告誡他說：「若在末法時代做王，必會大害眾生，以致墮入地獄遭受比這更劇烈的痛苦。你應該捨棄王位，前往孟加拉，定會得到文殊菩薩的加持護佑。」

王子遵從母命，騎上一匹上等的青馬，日夜兼程前行，心無旁騖。當他到達孟加拉森林邊緣時，一位身穿寶飾的美女為他牽馬歇息，並以甘露為其止渴，阻止他喝受污染的池水，再烤肉解其飢餓之苦，最後告訴他：「我的上師文殊金剛成就者，就住在這片森林的中央。」王子聞言欣喜若狂，立即前去尋師祈請，得到令熟之灌頂和令脫之教授次第。

王子勤修十二年後，終於親見文殊菩薩。上師命他前往中印度，並賜予一把旃檀木劍作為護身之物。王子來到摩揭陀國，化名為「不動部」出仕，同時專心修行。然而，其他侍臣心生嫉妒，向國王進讒言說他持木劍欲加害國王。國王下令檢查眾人的寶劍，不動部雖然婉拒，但終究難以推辭。

他請求國王遮住一隻眼睛，只露出另一隻。當他稍微抽出木劍時，光芒四射，國王未遮住的眼睛立刻掉落在地。不動部迅速將劍插回劍鞘，並使國王的眼睛恢復原位。隨後，他瞬間消失，來到那爛陀寺出家，法號為「寂天」。

寂天常住光明境界，故又被戲稱為「布素古」。一段時間後，僧團中有人想驅逐他，便設立說法法會，推舉他為說法者。寂天雖然推辭，但最終不得不應允。當被問及要講授哪一部論典時，眾人請他講授新造的論典，於是他開始誦讀本論。

結果，當誦到：「而當我心不再聚焦於諦實與無諦實兩者。」的偈頌時，寂天已證得見道，文殊菩薩也顯現在空中。隨後，寂天與文殊菩薩同時隱去，但其聲音仍在空中繼續誦完整部論典。

眾人懊悔莫及，紛紛湧入寂天的房間搜尋，發現了他寫下的三部論典。從此，這些論典在學者間廣為流傳，聲名遠播。

◆ 藏族的夏魯班智達，記錄了另一個版本的故事，歸納於七個奇談：「本尊得歡喜，莊嚴那爛陀，迴諍度乞丐，大王及外道。」

首先，王子本名「寂甲（Śāntaraksita）」，他從小就向一位瑜伽士學習《文殊利成就法》。經過長時間的勤修之後，得以親見文殊菩薩的面容，並經常領受教誨。數年後，他的父王去世，就在他將要於次日加冕為王的前夜，他夢到文殊菩薩坐在王座上告訴寂甲：「孩子啊！這是我的座位，我是你的善知識。我們二人同坐一座是不合適的。」王子從這個夢中醒來後，放棄了王位逃離王宮，來到那爛陀寺。在那裡，他在處於加行道的勝天（Jinadeva）處出家，法號為寂天（Śāntideva），這是第一個奇談。

寂天在那爛陀寺師從尊者聽聞佛法，並實踐「極無戲論」的生活。其他人認為他除了吃飯、睡覺和排泄外沒有其他關心的事情，因此稱他為布素古或「三想者」。久而久之，他們越來越討厭他，為了將他逐出寺院，他們命令寂天說法。當寂天不接受這個命令時，他們便向住持稟告。住持說：「你們自己去命令他吧。」他們再次下令，結果這次寂天答應了。

大眾因此聚集在法堂上，準備了一個大座位，結果寂天一瞬間地就坐上了座位，眾人都沒看到他是如何上去的。他問道：「你們要我誦讀已知的，還是未知的經論？」眾人請求他誦讀未知的經論。於是，他開始誦讀本論，同時身體逐漸升到空中，當誦到：「而當我心不再聚焦於諦實與無諦實兩者。」這一偈頌時，他的身影消失不見，只剩下聲音繼續完成了整部論典的誦讀。

寂天為了避免供養和崇拜，故前往南印度的吉祥功德塔；當時，有幾位獲得陀羅尼總持的學者們集結了他的說法的內容，有的說內容是一千多偈頌、有的說不到一千偈頌，總之有三種說法。喀什米爾的學者們則將其編輯成七百偈九品，而中印度的學者們則編輯成一千偈十品。

當時，人們還不知道《大乘集菩薩學論》和《經集》這兩部著作，因此派人邀請寂天回來。但寂天不願意回去，只回答：「你們應該以一千偈頌的《入菩薩行論》為準。另外還有兩部論著（《大乘集菩薩學論》和《經集》）在我的房間屋樑上，用細小的梵文字體書寫著。」這是第二個奇談。

寂天在接下來的生活中，關注於擊破外道的論點，並與許多持有「常見」和「斷見」的外道及約千名乞丐同住。由於長期食物短缺，他們決定推選一位能夠提供食物的人為首領。結果寂天僅用一缽飯便使所有人都吃飽，並引導他們歸入正見。這是其第三、四和五個奇談。

後來，寂天輾轉出任一位大王的侍衛，他展示了能發光的木劍，降伏了國王及其眷屬。這是第六個奇談。

不久後，外道導師商羯羅天宣稱七天後將在空中畫出大自在天的壇城，如果有人能破壞它，所有外道都將皈依佛教；如果無人能破壞，所有佛教徒都要改信外道。當時無人敢應戰，佛教徒們都深感恐懼。

寂天當時赤身裸體，以糠麩為食，住在當地。某日，一位王妃意外用糠麩撒向寂天，卻見糠麩如落在燒紅的鐵上般沸騰。她漸漸理解到寂天是位瑜伽士，於是佛教長老和信佛的國王們都請寂天出手。寂天答應了，要求準備兩匹布、一個水罐、火種和木柴。

第二天，外道在空中劃線。第三天早晨，眾人聚集，當外道畫到壇城東門時，寂天入定，引起大風，將壇城徹底摧毀。外道導師如被風吹散的鳥兒，樹木和房屋也搖晃不止，人群四散。寂天前去拜見國王與王妃，用水洗去塵土，用布裹身，用火取暖，接著安撫他們。該地所有人都因此皈依佛教，這個地方因此被稱為「外道敗地」，這是第七個奇談。

◆ 寂天在整個南閻浮提及衛星洲中名滿天下直追佛陀，其對藏地人民的恩德更是無與倫比。根據吉祥阿底峽尊者的觀點，寂天具有五種顯乘知名功德及八種密乘殊勝功德，共十三種功德。

首先是五種顯乘功德：
據說，寂天大師是一位婆羅門家庭的長子，他的父親主要從事火供和誦經為業，家中有三兄弟。某日，國王生下一個龍神賜予的王子，當婆羅門家庭因此舉行誦經、沐浴和火供時，激怒了龍神，因此殺死了婆羅門的兩個小兒子；父親與長子二人也因此患病，瀕臨死亡。

臨終時，婆羅門請求國王：「我們為你服務卻要死去，我臨終時想發菩提心，請為我安排上師和必要的物品。」國王意識到這是特殊的臨終發心，想為其尋找上師卻未果。最後，他向七百名僧人請教，他們因此對一尊文殊菩薩像舉行大供養，將儀軌交給婆羅門，讓他在佛像前發菩提心。

結果，婆羅門之子的病也痊癒了，更得以親見文殊菩薩的面容和說法。臨終的父親請求國王讓痊癒的兒子擔任大臣，並得到國王的同意。這位新任大臣引導國王和臣民修習六波羅蜜多，彼此讚歎對方的行為。他還勸導國王放棄斬首等嚴刑，以慈愛治國。因此，所有人民都享受到了幸福。

這位大臣在七世之前，曾是一個放牛的賤民。他每天虔誠地用鮮花和水果供養住在森林裡的眾多禪修者。這些修行者教導他受持八關齋戒，並在文殊菩薩像前皈依和發菩提心。由於這些善行，他得以投生為婆羅門，並受持了菩薩戒。

正是因為這些因緣，他在今生獲得了如此眾多的功德：
一、依教奉行的功德
二、佈施利樂的功德
三、行為受讚的功德
四、輔助國王慈愛治國的功德
五、普及幸福的功德
這是其五種顯乘的共通功德。

其次是八種密乘功德：
當時某個國家有位名叫「遊戲女」的公主，她聚集了五百名賤民女子，一起向一位名叫「遍行仙人」的修行者求教，結果這位仙人教導她說：「如果妳們與任何修行者或苦行僧發生性行為，你就能獲得他們的加持，而他們的修行也會得到解脫。」遵循這一教導，她們以這種方式，反而使許多修行者失去了修行誓言，並在森林和寺院中四處遊蕩。

大師為了調伏這些女子，某日化現為一位皮膚黝黑、頭髮和鬍鬚金黃、身披樹皮的仙人，坐在一個美麗的林中。當那些女子來到並看見他時，頓時感到恐懼和驚慌。

仙人宣稱：「我是一位夜叉，專門殺害那些執著於我執的人。我要殺死所有邪見的人，引導他們走上正道。」聽到這番話，所有的女子都生起了信心。接著，他為她們傳授教法，使她們獲得了大手印的成就，最後使得那片森林充滿成就者和珠寶。

當時，還有一位名叫「俱生金剛」的酒商，販售著迷醉人們的酒精。大師某日假裝去買酒，且對他說：「你的酒會使人失去世間的一切，讓自己與他人在來世都會墮入惡趣，不該繼續。我有一種叫做『俱生酒』的飲料，是所有如來都喜愛飲用的，讓我送給你。」大師的加持讓酒商得到解脫，並引導無數眾生走向成熟解脫之道。

還有一次，在一個有數十萬婆羅門修行沐浴淨化的地方，大師化現為一位老婆羅門前來，詢問當地的人們：「這種沐浴能洗去外在的污垢，還是內在的污垢？」他們回答說兩者都能洗去。大師接著問：「外在的污垢確實可以洗去，但如果內在的污垢也能透過偶爾沐浴就洗淨，那為什麼常年生活在水中的魚和青蛙不得清淨呢？」這番話使婆羅們都啞口莫辯，其中有些人反問：「那麼，聖者啊！什麼方法能洗淨內在呢？」大師回答：「外在沒有『所取』的對境，內在沒有『能取』的心，這就是清淨。」通過這種教導，使得婆羅們們都獲得了解脫。

同樣地，當五百位佃農的首領「蓮花金剛」，以及鄔金國的五百位紡織工的首領「成就金剛」對自己的工作感到厭倦時，大師都會立即前往那裡，為他們灌頂並加持，使他們獲得解脫。這些人又引導他們各自的眷屬獲得解脫。

當時還有一個名叫「巴塔爾瓦」獵人。某日，獵人正準備射殺一隻黑羚羊時，那隻羚羊開口說道：「持戒能生天，禪定獲勝果，造惡墮惡趣，愚癡者亦然。」這些話喚醒了他過去的善業習氣，立即對因果生起信心。就在此時，大師來到此處，幫助他獲得了成熟與解脫。

關於大師降伏外道的事蹟，大部分與之前所述相似，但是這裡有一些特殊的記載：當時印度一座名叫「恒河城」的城中，有一座傍山而建的大寺，聚集了五百名外道修行者和許多佛弟子，該城的城主「勇力王」是他們的施主。某日，外道們提議：「讓我們比試神通，誰輸了就不能再接受供養。」當時佛弟子中沒有人會神通，大師便以乞食者的身分來到那裡。當他們看到他把沸水倒在自己身上，卻能毫髮無損的神通時，都紛紛向他祈請，並得到開示。

最後是關於大師內在功德的圓滿過程：首先，文殊菩薩賜予他「心自在悉地」，使他不受煩惱控制，並具有調伏他人的能力，因此他能夠降伏第一批的賤民女子。接著，他依序從本尊處獲得了神足超能、淨化感官、禪定體驗、心的神變、神通迅速成就等能力，依次用來降伏酒商、婆羅門、農夫、織工和獵人。

第七階段，他獲得了「圓滿皈依處」的能力，用來摧毀外道的壇城。這些都是他的化身所表現，但大師本人則同時一直在擔任國王的大臣，並沒有展示任何神通。

然而，當國王身邊的其他人對大師的功德產生懷疑時，大師為了調伏他們，就在某次聚會，每個人都帶著自己的工具繞行王宮時，他帶著一把裝在鞘中的劍。國王希望看一眼那劍，但他婉拒國王的要求，並表示如此會帶來災殃。但國王堅持要他拔劍，大師請求：「請閉上一隻眼。」當他拔出一半劍時，光芒刺瞎了國王一隻眼睛。國王這才意識到他是位瑜伽士，想要恭敬供養他。可是，大師卻立刻逃到了恒河城，從此再也沒有出現在王宮中。

後來，國師「耶拉達日」也離開了。他們二人來到了「天智寺」，大師在「法吉祥名」法師座下出家，但並沒有投入知識學習，而是直接修習光明禪定。

他在修行過程中，持續觀察：「成佛時是否還會有現在這樣的心識相續？還是連微細的心識都不可得？」他向文殊菩薩請教，文殊菩薩回答了十二句偈頌，其中包含「緣力轉臍中」等內容。大師不解其意，文殊菩薩因此向他解釋了本論十品的意涵。

大師又想：「如果成佛時連微細的智慧都不可得，那該如何利益眾生呢？」他再次請教文殊菩薩，文殊菩薩說：「你要觀想我的寶劍。」大師不解而繼續追問，文殊菩薩回答：「你且看看我的神變吧！」然後，文殊菩薩顯現出一個奇妙的景象：

他變出一個大海，海中有金魚和鐵蝦，海水正中生出一株三叉蓮花莖。中間的蓮花上有一座四層寶塔，塔身有十三層法輪，頂端有傘蓋等裝飾。塔中坐著轉輪王裝扮的文殊菩薩，寶瓶中有釋迦牟尼佛，四大天王在瓶內四方供缽。天空中有虛空藏菩薩，其前有黎明使者。海岸邊有八部鬼神圍繞，海中有如意樹，樹上有轉輪王七寶和七近寶。海的四方有四條河流注入。

三叉蓮花的左右則各有聲聞塔和獨覺塔及兩隻兔子，三座塔下有許多卷曲的葉子，葉下有初一的月亮。月亮上有十二輻金輪，輪上有掛滿金飾的白象，象上有白傘。文殊菩薩的雙手各持一朵青蓮花，花上各有一把劍，劍柄上有如來毛孔般的圓點，劍身兩側各有十三個圓點，劍尖各有一顆發光寶石。兩把劍尖在菩薩髮髻上相交，中間生出寶芽，芽上有一顆燃燒的寶石。

大師從這幻象中領悟了《集學論》的深意，理解了見解應該是法界與智慧無二的境界。法界是法性、智慧如明鏡，二者無異即是離戲論的法身。這法身基於願力而能利益眾生，此即事業智慧。

從此以後，大師針對未能領悟《集學論》內容的人，有三個層次的解釋方法：

一、他對上等根器者，以轉輪王為例，解釋七支根本意涵，如同轉輪王的七寶。

二、他對中等根器者，以大海四河為喻，解釋五種如河流的「攝義支」，再從詞句引申、以如意樹為喻來解釋如樹上之樹葉的「斷貪支」等內容。

三、他對下等根器者，除了前三種解釋外，還要詳細解說三身，心性的覺知面、法性界面和所破的障礙面等六個方面，並用之前幻相的簡略版來說明。

不久後，大師應耶拉達日的祈請，寫下了本論和《集學論》。然而，就算他擁有如此驚人的功德，表面上仍然只過著每天吃、睡、拉的日子，因此人稱他「布蘇古」。

當時，該寺由一位名叫「吉祥名」的比丘擔任住持，他們輪流要求大眾誦讀三乘經典，最後指定寂天到高法座上，後續的故事則與前相同。

另外，據說，當大師飛到空中誦論時，一邊俯視寺院，看到身在眾中的耶拉達日時，大師詢問他是否已經通達佛法，後者回答自己只懂本論與《集學論》，這位耶拉達日比丘後來也獲得了神通成就。

◆ 耶拉達日比丘的度眾事蹟如下：
不久後，一位名叫「勇士金剛」的東印度小國國師，他聽聞大師的名聲之後，花了六十天時間來到恒河城，詢問大師的下落。只有一個老人告訴他，在某一座破舊的寺院中有位乞食者符合他所說的條件；但當他詢問那位乞食者（即大師）時，對方卻回答：「我誰都不是。」

然而，勇士金剛看到大師雙腳不觸地，當下即生起信心。大師卻告訴他：「如果你是因為我不觸地而生信，那麼你也該對鳥兒有虔誠和信心。」勇士金剛回答：「鳥兒沒有證悟，而您有！所以我對您生懷信心。」他五體投地地禮拜大師，但大師卻踢了他一腳就跑了，勇士金剛緊追在後仍追不上。

當勇士金剛失落地回到破寺時，突然看到一匹馬同時用頭和尾巴吃草。他心想這可能是鬼怪，結果那匹馬說：「渴求佛果、害怕輪迴，這些也都是鬼怪的戲碼。」他立刻向馬禮拜，結果被馬踢傷了頭，只好逃走。

他進到村子裡尋找醫生，一位老婆羅門醫治好了他，並對他說：「身體的傷容易治癒，心靈的傷卻難以痊癒。」

當他再次回到破寺，結果在寺外遇到了許多飢餓的野獸。他想：「以前我白白浪費了這個身體，現在為了尋找上師和佛法，我願意忍受艱難，讓這個身體能夠利益這些眾生吧。」他發願道：「願我生生世世都能遇見耶拉達日尊者。」然後讓野獸啃食他的身體。

當他因失血昏迷後醒來時，看到耶拉達日上師就在眼前，問他：「你一直在祈願什麼？」他回答說想要成佛的方法。上師說：「成佛需要良善之心，你有嗎？」他講述自己的經歷，上師又問：「你不後悔嗎？」他說出無悔的誓言，結果身體立即恢復如初。

上師解釋道：「這些都是為了淨化你的習氣而示現的。」經過上師的加持，勇士金剛獲得了最殊勝的成就，那座破寺也變得莊嚴富麗。

◆ 勇士金剛的度眾事蹟如下：
當時，有一位名叫「日稱」的婆羅門看到人們為食物和財富而爭鬥至死，誠心發願：「如果我的壽命能與日月齊長，我就能解決所有的飲食問題。」然後專注於持誦長壽的咒語。

某日，他遇到一位名叫「勝明仙人」的修行者告訴他：「如果內心的欲望未斷，即使下起金錢雨，欲望也無法滿足；即使有與雪山一樣高的金山、擁有天界的享受，欲望也無法滿足。欲望太大的人，就像聲名遠播的國王一樣，終將從高處墜落。這世間中壽命最長的是地獄眾生和餓鬼，他們卻無法享受他人死後留下的財富。善男子啊！你要明白這個道理。」

日稱在聽了這番話後生起了厭離心，結果卻在同時，獲得了與日月齊壽的能力。

他為了修行佛法，花了十年時間尋找大乘佛法和上師，但卻一無所獲。到了第十一年，為了尋找聖者上師，他聽說文殊菩薩住在五台山，便動身前去朝聖，途中還去了聖觀音山、吉祥山和馬頭明王宮。他在返回的路上，意外遇到一個盲人。盲人告訴日稱自己也去過這些地方，但什麼都沒看到，只聽說了有個非常有名的盲人嚮導。

日稱聽了這段話之後非常仰慕，覺得自己想尋求這位盲人嚮作為上師。後來打聽到這是位名叫「勇士金剛」的成就者，便去後者的寺院，並在一見到上師的當下就得到了加持。勇士金剛上師將手放在他的頭頂，稱他為「大吉祥寶菩薩摩訶薩」，他最後成為大瑜伽自在——即「長壽成就者大吉祥寶」。

◆ 大吉祥寶的度眾事蹟如下：

大吉祥寶的重要弟子就是金洲大師。金洲大師出生在印度附近的一個小島上，那裡有各種珍寶，他一出生就說：「西那西（當地語言中的『皈依』）」。當地雖然流行外道教法，但因為他是王子，因此沒有受到太多傷害與影響。不久後，他在森林中發現了一尊佛像，向祂供養後，島嶼上的幸福上升七倍，人們也開始信仰三寶。之後，人民更請求王子到印度學佛。

王子在菩提伽耶，他遇到了正在供養羅剎的人們。當時所有聖者都聚集在那裡，王子對其中的大吉祥寶上師產生了信心，並跟隨他七天，結果上師卻突然消失了！當晚他就夢到聽到兩個孩子唱歌：「拋棄家鄉親友財，尋找瘋子未得果，是否早晚將滅故？出身高貴智慧淺。」他醒來後感到極為不快，想要回國。

結果，第二天晚上他又夢見兩個女孩唱道：「親友眷屬咸眾多，家鄉房屋財富巨，飲食財物多享受，唯一引生諸憂愁，遠離正法亦如是。如同商人未得財，空手而歸返故鄉。」他醒來後覺得這是在提醒自己，更認為這是護法的提醒，便留在菩提伽耶廣修供養長達七年。

七年後的某一天，他遇到一位老婦人告訴他：「譬如乾地引細流，日日夜夜皆流逝，人壽命亦將耗盡，愚者莫說有閒暇。」說完就消失了。王子聽完後一直哭泣，覺得自己花了這麼多年，就只是想見到上師卻不可得。

結果當晚，他夢到上師問他：「王位是低劣的束縛，你能夠繼承法王位嗎？」他連說三次：「能」。醒來時就立刻看到上師就在他面前。上師為他傳授灌頂，將所有教授如瀉瓶一般傳授給他，並取名為「法稱」。他返回金洲後，將當地所有外道都轉化為佛弟子，名聲傳遍四方。

◆ 金洲法稱高徒：阿底峽尊者

阿底峽尊者求法時，艱難地到金洲跟隨法稱上師學習十二年，完全掌握了所有教法。後來，藏族的菩薩王子懷著無限喜悅邀請阿底峽入藏，阿底峽進入藏地後啟蒙藏人，並引導他們走上正確的道路，使佛法如同白晝般興盛。

雖然有許多不同的傳記版本，但上述的故事是值得信賴的，不應該視為單純的神話。

總之，《經集》和《集學論》是寂天大師早已撰寫的論典，而《建言錄》是在被請到獅子座上時，隨口無礙唱出的內容，這一點是毋庸置疑的——「著論能飛空。」

然而，早期的傳記中，似乎以為本論是作者早已寫好的稿子，薩桑巴認為該論是大師事先就在心中寫好的了，當場只是宣講而已，但這些說法只是一些智慧淺薄者對聖者如法海般智慧的不信任所導致的誤解。如果真是這樣，就該說是：「誦論能飛空」才對。

這本偉大論著，從作者到我們的根本上師之間的善知識代代傳承，情況如下：

佛子文殊勝童子，濁眾一怙寂天尊，
具慧身阿拉達日，勇士金剛勝魔軍，
得勝悉地吉祥寶，金洲教主法稱師，
善示正道阿底峽，通眾典那措戒勝，
勤修行指骨融巴，教授精髓問答師，
安大乘道秋拉巴，學淨納塘卓摩切，
淨心禪師桑傑尊，全知欽尊虛空稱，
辯才雄獅伏諍論，全智功德尊森巴，
普持萬典蔣秋札，持戒調心敦珠巴，
持教勝幢班桑波，索溫理劍仁謙桑，
見聞具義噶瑪巴，國師巴久敦珠聖，
勝成就桑傑年巴，三世佛集米覺尊。
敬禮本傳上師眾！

另一系傳承，是在阿底峽尊者之後緊接為：
勝者源處仲敦師，持戒聖者博多瓦，
大仙夏惹功德稱，董師吉祥卓摩切，
祥尊祥敦桑傑尊；
然後接著就是「全知欽尊虛空稱……」等如前。

若按照俄氏傳承：
文殊及聖者寂天，不忘總持及勝軍，
月稱瑪那及噶西，名勝慧大俄譯師，

捨命祥師娘珍智，藏納巴及大吉祥；
然後接著就是「淨心禪師桑傑尊」等如前。

我從雅譯師大智者處得到的恩惠傳承，以納塘卓摩切為界線，其前的祖師依俄氏傳承，其後的祖師則是：
欽尊虛空吉師釋迦王，吉師蔣揚遍知覺囊巴，
瑪諦大智及薩桑聖者，普賢寶海乃至索森巴，
佛寶及大智者阿旺札，敬禮本傳上師尊足前！

另一系傳承，是在大俄譯師後傳為：
博理大師仁謙札，賢哲多龍嘉瑪瓦，
無比智者恰巴獅，劫師木桑巴知識，
持律藏索索南澤，博學蔣巴德瓦巴，
名童索札巴菩薩，無著賢吉祥佛子，
瑪諦大智薩桑聖，其後如前。

總之，大乘佛法依賴善知識而存續，敘述傳承是為了懷念他們的恩德不忘。

金洲大師認為，本論共有十一個核心內容：
一、暇滿人身難得。
二、心依善法。
三、思惟菩提心的利益。
四、持菩提心。
五、守護自心。

六、努力保持正念正知。

七、安忍。

八、精進。

九、禪定。

十、智慧。

十一、迴向。

細分則共有三十六個要點。

黑天阿闍黎則從三個方面解釋本論的結構：

一、本論的起因是「六波羅蜜」的修行，故要先頂禮這些恩德之泉源。

二、闡述菩薩道及其菩薩修行之果。

三、禮敬善聖和分析論文。

梵語云：波提薩埵　雜爾亞　阿瓦達惹

蕃語云：蔣秋森北　覺巴拉　久巴

「頂禮一切諸佛菩薩」一句，爲翻譯此論的智者與譯師所加。

第一章

◇ 開卷語：寂靜的心聲

我頂禮所有具足法身的善逝及其聖弟子們等堪頂禮處。

「頂禮」在一方面來說，是在寫作此論前而頂禮；一方面來說，作者在此時已然完成了頂禮，進而要引述出其造論的行為。

其所頂禮的對象是「善逝（蘇揭多）」：「蘇」包括「莊嚴」、「善妙」及「圓滿」三層意思，「揭多」意為「來」、「去」、「斷」和「捨」，所以「善逝（蘇揭多）」意義多元：

◆ 既可理解為「離三有而去」，因為外道徒就算到達了世間之頂仍會退轉，所謂：「若遠離汝教，無明所驅眾，雖登世間頂，苦生仍造有。」

◆ 又可理解為「不退轉而去」，以表彰善逝之境界，已超越需要轉世到欲界七次的「須陀洹（預流）」聖者和需要轉世到上界的「阿那含（不還）」。

◆ 又可翻譯為「到達究竟」，以表彰善逝之境界，已徹底斷除一切障垢之隨眠，遠勝聲聞與獨覺。

上述三種理解，是針對「來、去」之意涵所引申的理解，同理，「善逝（蘇揭多）」一詞，也能從「斷」來引申出三種意涵、從「證」來引申出三種意涵。

所以，「善逝（蘇揭多）」的本質就是法身，《涅槃經》云：「善男子！如來身者是常住身、不可壞身、金剛之身，非雜食身、即是法身。」

其次，追求得到善逝之法身的菩薩們，就是延續佛陀的後裔，故稱之為「聖子」。另一方面，「法身」一詞也間接指出了「法寶」：究竟的「法寶」是離欲的「滅諦」，菩薩們心中所有的「道諦」則是階段性的法寶，故印度佛教中，諸如智作慧（Prajñākaramati）等論師在解釋本文所說：「所有具足法身的善逝及其聖弟子們」時，認為「法身」指的就是善逝及其聖弟子們心中所有的「法」。

因此，大乘的三寶「佛陀及佛子」，是一切追求佛果者的皈依處與頂禮處；相對地，聲聞與獨覺等，則如處在修行之小道或岔路之人，他們的道路與成佛之道不同，故不是追求佛果者的皈依處或頂禮處。所以，我們只頂禮「堪頂禮處」。另，智作慧論師認為，這裡的「堪頂禮處」包括了自己的和尚等人。

本質上來看，「頂禮」代表我們身、語、意三門調柔恭敬、放下我慢，但這裡並非完全排除了要頂禮聲聞與獨覺等非皈依處。我們在頂禮了最勝的對象後，也對其他有關係者心生虔信，放下我慢更是大士的身分特徵；作者希望透過如此頂禮之福德，能夠圓滿造論。

頂禮之後，所要引申的意義為何呢？

◇◇ 作者的承諾

我將引經據典並扼要地解釋菩薩的生活態度。

「解釋菩薩的生活態度」這句話，引申出了本論的主旨與重要的目標，「引經據典」意指作者並非自我臆造，「扼要」意指本論也並非單純引述經典，而同時具備了旁徵博引的「概論」、關鍵要處的「釋疑」和釐清順序的「教授」。

我們也可以理解為，如後文所說，作者是基於文殊師利菩薩的恩德和培育其出家的賢友而能創作；換句話說，本論的問世，全然是因文殊師利菩薩及善知識的恩澤所致。

◇◇ 小子不才

這些內容並非我所臆造，我更不諳筆法。因此，這篇書文不敢說是為了利他，純粹是作為我自修的參考。我因為依著這些生活態度，信心得以增長，也希望有緣的學子，能因為此書而得益。

若有人質疑，本書是否為佛教中前所未聞的內容？作者的答覆是：「我怎麼可能說出佛陀不曾宣說、聞所未聞的內容？」這指出了雖然大家都是佛教的追隨者，但不少熱愛學理的論師過度將注意力放在詞韻、論述甚至押韻與否等文法細節上，或是詞義裝飾等用字遣詞的細節上，忽略了論作本身的內容，及其是否能成為渡人之因。

然而，影響讀者產生諸如「害人」或「慾望」等負面想法的論作中，也不乏有用詞優美的作品，可見文學造詣只不過是一個中空的器皿，不能保證其盛裝的內容物必然乾淨，毫無實義可言。我認為，一位詩人用盡美妙的言詞來獻上一碗米飯，與一位牧人獻上這碗米飯，兩者在色澤、味道與營養價值上毫無差異。

因此，作者自謙表示自己不熟悉大部分學者所熱愛的文學形式，既是呈現這些學問並非關鍵，也是承諾要以簡易的方式，來完整無謬地詮釋圓滿的成佛之道。

當然，可能有人因為重視文采，認為本論缺乏良好的文法與用詞結構，或是部分自認博學者，因此而輕視此論；作者因此既間接強調「無信者非法器」，也因為當時眾人大多誹謗他為「布蘇姑」，故對其所述正法沒有興趣深入，才自謙地說自己「不敢為了利他」，這其實是指作者並非為了利益在場聽法大眾，因為他們並非法器。

相較於勸發在場的聽眾，作者自認寫作此論，是為了調伏自心，並讓自己修行的習慣步步增進。透過寫作此論，作者的正信也能夠漸漸增長、培養出自利功德，自然也能成就利他。因為，當場聽法的眾人其輕蔑的態度不過是暫時的，自然可能受到這些開示的啟發，播下正信的種子。

另一方面來說，雖然法緣勝過作者的人不需依於此論，但當時與未來許多法緣與其相等或不如其圓滿的菩薩們，有可能因為閱讀此論而進入修行正道，利益深遠。總之，實際上，所有的創作都是喜悅的結晶，殊勝的菩薩不可能不為了一切眾生的利益考量來造善，所以「不為利他」只是自謙。

這段自謙中，作者沒有承諾其論著以引領讀者成佛為目標，這種謙虛的態度也能使讀者更能接受本論，若有人想要發起挑戰，這樣的「有言在先」也會讓人無論怎麼質疑，都無法真正產生爭端。

當代許多藏地學者，其內心深受無法撼動之傲慢皮殼所包覆，看到前人的事蹟後，也會裝模作樣地做出很多看似謙虛的表現，但這些行為不過是利用佛法、不顧因果的虛偽而已；大士們的謙虛，則是真誠地從「放下我慢」的角度出發，如實說出自己的所知所見，而非如前者一般，自以為是獅子吼，但發出的卻是狐鳴之聲。

措那瓦．慧賢大師，在其針對本論的詮釋時提到：「雖然有人會懷疑，論主這裡所說的無疑是自謙之詞，不可能沒有絲毫利他的想法，否則與論主提到要對他人『有益』的想法自相違背，也與本論強調利他的精神矛盾；然而，論主的意思是，其並非以直接利他作為動機，但仍然能間接利益到他人。」

另外，針對部分人認為：論主寫作此論，實際上是抱持著直接利他的想法，否則不會提到「有緣之人」；而且，如果論主直接關注的是自利，就與此論一再提到放下自利的精神相違。

有些人的解釋是：「論主寫作此論的目的，的確是為了讓自己習慣菩薩修行，但這也是『先習慣菩薩修行再來利他。』」但我認為這種辯解不如前者有力，因為「不為利他」本來就是指「不追求成佛以利他」，而「追求自利」則是「追求個人的寂靜解脫」，這是不言而喻的。若有間接利他的想法，這種想法必是明確的；若引申出了利他之念想，也是當下就有的。

總之，本論並非為了讓人學識上的吸收與辯論，而是專注於讓自己與他人誠心培育出本論所說的修行。

◇◇開一道智者的入門

本論的「主旨」就是「善逝及其子——菩薩——的生活態度」，本論則是此主題的「詮釋者」與入門。若人通達此論，就能知道如何如法地得到菩薩戒、如何守護菩薩戒、如何修補菩薩戒，及讓自己的菩薩生活保持清淨，是此論所能滿足的「需求」。

讀者能因此更近一步，成為具足法身的「善逝」，這是本論「終極的目標」，而這個目標依於清淨的態度與生活。後者又依於如此的論作及其所詮釋的菩薩生活，這些過程是環環相扣的「關係」。

如上構成了此論的五個要件，足堪作為智者的入門。

若針對本論的論體來看：

一、世俗菩提心與勝義菩提心是「主旨」。

二、昇華兩種菩提心的六波羅蜜修行是「詮釋者」。

三、得到法身與色身是「需求」。
四、創造一切眾生的利樂之源是「終極的目標」。
五、如上之間的互動就是「關係」。

另，部分印度與藏地的論師們認為，本論禮讚文的第一頌，主要呈現的是本論的主旨與論體，後二頌則是在闡述其需求與終極的目標。

◇ 建言絮語

◇◇ 難得的修行機會

有機會接觸正法的人身，極為難得。
如果此生不把握這個機會，創造利樂，來生很難有把握再得到這樣的機會了。

《正法念處經》云：「地獄餓鬼及畜生，邊地長壽天邪見，無佛出世及瘖啞，此即八種無暇處。」《廣義法門經》云：「為人根具生中土，業際不顛倒信依。」此為五種自圓滿，而所謂：「佛出世說法，入教得隨學，他故發慈悲。」則是五種他圓滿。

人身之難得，是針對八難者而言，佛經上曾以「大地之塵土」與「指甲上的塵土」做對比，或用海中盲龜等例子，來形容人身的難得，所謂：「大王當知：人身難得。」

因此，我們既然得到這個比天人之身更珍貴的人身，就更不應浪費，反應努力修行。

譬如烏雲密佈的暗夜中，明亮的閃電只會出現一剎那；我們也是因為覺者暫臨的恩德，而暫時產生了修福的念頭。可見，行善之心微弱而短暫。

五種自圓滿中的「信依」，是特別卓越、百裏挑一的良善心態，恰如閃電的出現難能可貴，其存在的時長也非常短暫一般。然而，這種信心也並非少數的因緣就能觸發，至少需要具備：諸佛世尊的加持、個人良好的心智狀態與許多善因善緣的成熟。

《大難釋》云：「諸佛世尊為導眾生趨於利樂，恆常觀照有緣、無緣眾生之心，若見某甲有緣眾生於某時得以某法修行，便於爾時權以爾法加持其心，未具緣時即平等捨。云何如來加持難得能得？世間福德利樂之因但唯善業，於此善中少生慧者極稀有故、無始輪迴串習世間不善法故。」

正因善心難生、易壞、微弱、有利，實際上比閃電更難得數千萬倍，我們這些凡夫哪怕只能心生一須臾的善念，也要善加守護、珍惜、認真，寧可為了善法捨身忘命，也不可為了身命放棄善法。

何謂不放棄善法呢？這些細節會在本論後續談到，包括在如何觀察自己的身心、如何守護自心時有廣博的闡述，若能守護難得的善業——菩提心——使其不失壞，那就究竟圓滿了此論的意旨。

◇◇修行：菩提心的簡報

當說菩提心，因及體及類，儀學處利益，失過修補法。

◇◇◇菩提心，怎麼來？

佛加持性覺，信勇圓滿力，生菩提心因，尤修慈悲生。

發生菩提心之因包括：
或因佛陀加持而生：因為佛陀降生此世，往往能使個別眾生的善根甦醒。

或因種性甦醒而生，《大乘莊嚴經論》云：「增長菩提樹，生樂及滅苦，自他利為果，此勝如吉根。」

或因信心而生，《大方廣總持寶光明經》云：「發心歸向於佛法，佛子與心行此行，無邊菩提發是時，生大丈夫猛利意。」《集諸學頌》云：「出苦求邊際，亦求往樂際，信根堅固已，菩提心亦堅。」《大乘十法經》記載：「發菩提心，略有四因：一者見菩提功德。二者深信如來，三者見眾生苦，四者善知識正所勸發。」《瑜伽師地論》也記載了四種因：「云何四因？謂諸菩薩種性具足，是名第一初發心因。又諸菩薩賴佛菩薩善友攝受，是名第二初發心因。又諸菩薩於諸眾生多起悲心，是名第三初發心因。又諸菩薩於極長時種種猛利、無間、無缺生死大苦難行苦行、無有怯畏，是名第四初發心因。」

特別是，世俗菩提心依賴的誘因有：

一、友力——大乘師友。
二、因力——大乘的本性住種性存有及習所成種性增長。
三、根力——多造善業福德增長。
四、聞力——得聞大乘正法。

然後，就會在自心中自然產生世俗菩提心；或是透過親近他人的傳戒（所展示的三門有表色）而得到的戒律而生。

上述這些發心誘因中，「友力」較為不穩定，其他三力則較為穩定且不易退轉，《大乘莊嚴經論》云：「友力及因力，根力亦聞力，四力總二發，不堅及以堅。」

另外，有些人主張這裡的「友力」指的是大乘善知識，但是大乘的根本就是善知識，所以從善知識的勸導所發生的菩提心應該是極度穩定才對，故這裡的「友力」指的理應是不定性之友、聲聞之友、獨覺之友或是一般友人所讀誦的大乘經典。

至於勝義菩提心的發起之因，則包括諸佛歡喜、福德資糧和智慧資糧。《大乘莊嚴經論》云：「親近正遍知，善集福智聚，於法無分別，最上真智生。」另外，菩提心源自悲心，而悲心又源自慈心，《大乘莊嚴經論》云：「大悲與利物……根生以慈潤……無悲則無忍，如是六次第，勝生若不得，成熟眾生無。」

首先，觀修慈心的方法上：
分類所緣相，修法量益六。慈心分三種：眾生法無緣，

從有無緣知，緣生慈為本，緣於諸眾生，相以慈悅心，
欲其得逢樂。先思父母恩，知眾父母修，自欲盡時成。
利者成勝供，施勝護自他，得慈法八德。

首先，慈心分成三種，〈無盡意菩薩品〉云：「緣眾生者初發心也，緣法緣者已習行也，緣無緣者得深法忍也。」即：

一、眾生緣慈心：關注於有情而產生的慈心。

二、法緣慈心：理解「我」、「人」、「有情」只有假名，不執著於這些假名，僅關注於看到的顯像而產生的慈心。

三、無緣慈心：不關注於任何法，只因習慣慈心而持續保有的慈心。

修行者首先應修習眾生緣慈心，這種慈心平等地關注一切眾生，本質上是一種明顯帶有喜愛、慈憫、溫柔看待有情的心態，恰如長期未能相見的母子，終得相會的那個當下，所產生的那份念頭；這份念頭會接著引出「若他能快樂該有多好！」的想法。

大部分的人都主張，慈心的定義是「希望眾生得到快樂之念頭」，但這並不盡然正確，因為慈心第一剎那是一種沒有「判斷」介入的直觀心態，這才是真的慈心，其後才會產生希望對方快樂的「分別念」。所以儘管《解脫莊嚴論》云：「慈心的表現是『期望對方安樂』。」但這主要指的是帶有分別念的慈心。

慈心的禪修方式，主要是從「思恩」下手，也就是思考眾生對我們的恩惠。

首先，我們要先思慮這輩子最大的恩人——母親——對我們的恩澤，《般若八千頌》：「何以故？母生身我，苦勞育我，教我故。」可見母親對我們有四大恩：生身之恩、苦育之恩、授命之恩及教導之恩。

所謂：
胎起護腹中，避害營養育，忍恥痛苦難，生後愛勝眼。
我等識獨來，不僅予肉身，救饑渴寒貧，自用全施與，
為子作惡苦，捨父母親友，愛彼不顧身。慈目愛言予，
救水火毒險，算卜讀經儀，盡力防病死。教食衣行住，
言語大小便。知恩子深思，難報父母恩。非僅今生親，
母生如沙數，地土難容納，非僅一父母，無邊眾如親，
難報一一恩。

透過思考這些內容，而對此生的父母，能夠從腳底都產生激動難忍、寒毛直豎、淚水直流的感受，並持續保持這種感動，直到光是想起父母就會出現這種體驗後，進而思考《無始輪迴經》所說：「一人以世間一切土石草木為酸棗核，一人一一計量時數可盡，若一眾生為我母數量不可盡。」每一個眾生都曾做過我們的父母，也曾對我們有如此的恩澤，故應平等地對他們都產生慈心。

當行者光是想到某個眾生，或看到某個眾生，就會產生這種心態時，那就是產生了慈無量心之時，《大乘莊嚴經論》云：「菩薩念眾生，愛之徹骨髓，恆時欲利益，猶如一子故。」這時，就算是在夢境中，行者也不會有絲毫追求個人利益的念頭，純然只

關注於他人的福祉，這就是慈心圓滿的表現，《大乘莊嚴經論》云：「菩薩悲愛起，障盡亦過世。」

從利益層面來看，慈心是最上的供養，《月燈三昧經》云：「那由他億佛剎中，所有種種供佛具，悉以供養於諸佛，不及慈心一少分。」慈心也是最上的佈施，《寶行王正論》云：「一日三時施，美食三百器，福不及剎那，行慈百分一。」密宗則認為，慈心是四種佈施中的最後一種，也是利益最大的一種。

慈心能起到保護自己與他人的作用：禪修慈心的肉身，就算蒙受武器的傷害，這些利器也都會化為花雨；而根據慈力王的本生故事來看，慈心者所關注與照顧的環境中，一切眾生都不會受到非人的傷害。

行者未得菩提之前，會得到八種慈心利益，《寶行王正論》云：「天人等愛護，日夜受喜樂，免怨火毒杖，無功用獲財，後生於色界，得慈八功德，若人未解脫。」最後，當一個人具備慈心，就會純然關注於眾生的福祉，而當他看到眾生都在創造苦痛、飽受痛苦時，自然就會產生難忍的悲心。

悲心的重點：

當說修悲法，分類及境相，修法量益六。緣境分三種，
所緣諸眾生，不忍他苦心，即悲心體性。欲離苦心生，
修法觀眾母，思為三苦迫。成量為護眾，付出度時日。
利者大乘基，護離下劣險，正等佛根本。

悲心分成三種：

一、眾生緣悲心：看到眾生的痛苦後所產生的悲心。

二、法緣悲心：認識因果故扭轉「常存」、「固化」等執念，更對不解如此真理之眾生深感悲憫之心。法緣悲心可以分成無量多種：行者得到任何對治力正見（如：見有為無常）後，對不解這種正見（如：執有為常）的眾生所產生的悲心，都是一種悲心。

三、無緣悲心：理解一切法空後，對不解一切法空的眾生所有的悲心，這種悲心會隨著修行地道的增進，最後變成悲無量心，所謂：「菩薩等至者，串習圓滿時，見法執惑者，尤起大悲心。」及《大乘莊嚴經論》云：「極勤利眾生，大悲為性故，無間如樂處，豈怖諸有苦。」

行者應先從禪修眾生緣悲心下手，這種悲心關注的是曾作為我們父母的一切眾生，特別是關注到他們飢渴、低劣、造無盡罪，深受瞋心與貪心的干擾，有如放逸的愚童一般。

他們受到控制，不知道如何創造與享受快樂，產生諸如我執等許多邪見執著，《大乘莊嚴經論》云：「慳惡瞋放逸，緣著及邪著，如是六蔽者，悲令六度增。」特別是不少眾生哪怕經歷了難忍的惡道痛苦，仍對苦因——罪惡——毫無懺悔之心，如佛經中記載的愚痴國王一般，這些人實在更加可憐！他們每天都累積了無量的惡道之因！

悲心本質上是全心關注於他人之難忍苦痛、毫無分別念的直觀心態，它會引發「願他離苦」的分別念，未經思維訓練者會將這兩者混為一談；但若細思之，這兩者並非一體，而是如無間轉動之火輪一般，非常緊密地連在一起，故難以具體將其分割開來。

禪修悲心的方式，要針對此生之母親來觀修。若自己的母親深陷火屋之中，內心將感到難忍的苦痛，透過想像這個情境，培育出如此的心情後，再將其轉向關注在身陷熱地獄的母親眾生們。行者應深入熟悉這種練習，同時強烈地關注在「願其離苦及苦因！」的念頭。

首先，是思考苦苦：
痛哉！我眾多父母，墮等活地獄，見敵執兵刃，日死萬次多，
或遭鐵山壓，如擠甘蔗汁，或遍身刻線，剖解穿刺苦，
或如煮豆米，置大鐵鍋中，或身陷火海，無間處處燃，
恐怖聲難忍，多入燃鐵室，千萬由旬寬。黑舌遍燒身。
或陷屍泥中，或墮無間河，或遭刀雨斬，母曾哺育我，
嘆我兒口焦。今熱飲灌口。今受難忍熱，如是諸苦痛，
或積劫所聚，冰雪大黑暗，寒凍碎裂中，昔曾數數以，
身暖溫暖我，今受寒獄苦。曾以乳哺我，柔軟食養我，
我母今已成，針口餓鬼身，百年復百年，未嘗一滴水。
教我飲食母，墮入畜生道，愚癡暗不知，可食不可食。
護我離水火，險處諸父母，雖生人天中，自墮惡趣崖，
瞋火貪水等，所迫難自救。如是生為人，受八苦所逼。
修羅鬥如獄，欲天死歿苦，勝六道諸苦。

其次，是思考壞苦：
如誤以魔女，為母心歡喜。如魚迷戀食，魚餌為美味。
如食有毒食，誤以今生物，為樂之父母，眾似癲狂人。

第三，是思考行苦：
如重病昏睡，如食毒未發，上界諸天眾，常處無明睡。
總曰想行蘊，唯識皆是苦，刺痛及不息，果報與害因。
不知實可憐！

思考上述這些內容，培育出「願其離苦」之念頭後，要為了這些眾生而猛烈地祈禱聖觀世音。

悲心圓滿的標準，是當自己的三門完全無法忍受與停歇，為了救度他人離苦而無法接受絲毫的閒暇。從利益層面來看，悲心就是大乘道的正行，《觀音讚》云：「世尊！菩薩若受持一法善知一法，餘一切諸佛法自然如在掌中。世尊！何者是一法？所謂大悲。」及《法集經》云：「世尊！譬如轉輪王所乘輪寶，隨往何處一切四兵隨順而去。世尊！菩薩摩訶薩亦復如是！乘大悲心隨至何處，彼諸佛法隨順大悲自然而去。」悲心也是正等覺佛果的根本，《大日經》云：「秘密主！菩提心為因，悲為根本。」如此依序修持慈心與悲心，得以完備產生菩提心的要件。

◇◇◇ 菩提心，是什麼？

願我得成就，渡眾成正覺，空悲無有異，即菩提心體。

《大乘莊嚴經論》則說：「勇猛及方便，利益及出離，四大三功德，二義故心起。」菩薩為了其卓越的目標，發起強大無悔的「大勇猛」心力，披上不可思議的「大方便」精進鎧甲，努力創造自己與他人的「大利益」，便無疑得以成就無上菩提得「大出離」，具備這些特質來關注於菩提之果，同時重視眾生福祉的綜合心態，即是菩提心。

若依照般若經論系統，則菩提心的定義是「為利他求成佛」。《現觀莊嚴論》云：「發心為利他，求正等菩提。」這裡提到的「菩提」與「他人」是菩提心所關注的兩個對象。《瑜伽師地論》云：「又諸菩薩緣大菩提，及緣有情一切義利，發心希求。」所謂的關注菩提，指的是追求大乘智慧。《大乘莊嚴經論》云：「大法將種智。」關注眾生是關注無餘的眾生，如《普賢行願品》云：「乃至虛空無有盡。」

◇◇◇ 菩提心，有哪些？

地喻體分門，地分信等四，喻地二十二，體分勝俗二，
俗分願行二，願成佛為願，修成佛為行，若許佛子學，
則名菩薩戒。

菩提心有三種分類方式：

一、從地道位階來分類，可分成：資糧道與加行道階段所有的「信行發心」，初地到第七地之間所有的「淨依發心」，第八地到第十地所有的「報得發心」與佛陀所有的「無障發心」，《大

乘莊嚴經論》云：「信行與淨依，報得及無障，發心依諸地，差別有四種。」《華嚴經》則主張修行者共有十地位階、故發心分成十種。

二、從譬喻相應來分類，《現觀莊嚴論》云：「如地金月火，藏寶源大海，金剛山藥友，如意寶日歌，王庫及大路，車乘與泉水，雅聲河流雲，分二十二種。」

《大乘莊嚴經論》將這二十二種譬喻發心，分別對應為：信行、依、勤、極依、（六）波羅蜜、無量、神通、攝法、辯、量、聚、覺分、止觀、總持、法印、自性與方便；《現觀莊嚴論》則將其從「如地」到「如雲」依序對應為：希求、意樂、增上意樂、（十）波羅蜜、神通、聚、順菩提分法、悲心和勝觀、總持和辯才、法苑、一向道和法身。

《明義釋》云：「彼中，前三發心，由下中上品，是初學地所攝，其後一種，是進趨初地之道所攝，爾後十種，是極喜等十地所攝，是見修道之所行境；再次五種，是殊勝道所攝；末三發心，是佛地所攝前行、正行及後行；由是之故，發心之分類，總攝於初學地至佛地間。」可見本論主張最後三種菩提心屬於佛地菩提心，但《大乘莊嚴經論》云：「如流亦如雲，發心譬如是。」則是將「如雲菩提心」等歸類為菩薩地菩提心。但這兩種說法並不矛盾，因為《明義釋》進行的是更細緻的分析、《大乘莊嚴經論》的記載則較為概略。

三、從本質來分類，即分為世俗菩提心與勝義菩提心兩類，《解深密經》云：「菩提心者，其相有二：勝義菩提心及世俗菩提心者是。」

勝義菩提心，是清澈、不動、超越戲論的空性與慈悲之要藏，《解深密經》云：「勝義菩提心者，遠離世間一切戲論、究竟清明、勝義有境、無暇不動，明亮譬如無風吹動之油燈光。」那麼，何謂世俗菩提心？此經又云：「世俗菩提心者，大悲立誓拔盡一切有情出離輪迴者是。」勝義菩提心是菩薩道初地以上自然得到的，《大乘莊嚴經論》的註解提到：「第一義發心顯有三種勝……此發心名歡喜地。」

世俗菩提心概要來看，分成願菩提心與行菩提心兩類，這兩者的差別各有說法：

牙軍論師等認為，歸屬世間道的菩提心都是願菩提心；歸屬出世間道的菩提心則都是行菩提心。無畏生密與念智稱等論師，則在其論作中將二十二種菩提心中的前三種歸屬願菩提心、後十九種歸屬行菩提心。海雲等論師則認為未透過受戒儀式所產生的菩提心是願菩提心；透過受戒儀式所產生的則是行菩提心。

廣大行派與阿底峽尊者則認為，「發願成就菩提之果」的菩提心是願菩提心、「發願修持菩提之因」的菩提心是行菩提心。《阿毘達摩雜集論》云：「發心有二種，謂：無差別、差別。無差別者，謂：願我當證阿耨多羅三藐三菩提。差別者，謂：願我施波羅蜜多速得圓滿，乃至慧波羅蜜多速得圓滿。」也有些人認為，不退轉地以前的菩提心都是願菩提心，此後的則是行菩提心。

甚深見派與本論作者的觀點，則認為兩者是「計畫與行動」的差異：首先，當行者因為悲憫眾生的痛苦且看到佛果的美好，因此產生「想要成佛」的這分單純、不經過儀式而產生的念頭，或是透過如本論所說：「往昔，一切的覺者們都是先立志覺悟。」等語句所構成的儀式，來承諾自己要覺悟的那分念想，這些都是願菩提心。

其次，行者正確領受了菩提心戒律後的一切行動則是行菩提心，《修習次第》云：「為一切有情故，願當成佛，初起希求是名願心；受律儀後修諸資糧，是名行心。」

薩桑．童智針對智生慧論師於其註解中，將這兩種菩提心的差異界定為「是否有菩提行的扶持」這一主張，認為其與本論作者寂天論師觀點一致，因為智生慧論師還提到，當行者發起願菩提心，並進入到受戒聚中，其菩提心就轉為行菩提心；可見，這是清楚地將兩者的差異界定在「有沒有得到菩薩戒的支持」。

不過，這當然不是說寂天論師認為，願菩提心就一定不需要透過儀式來發起，畢竟他也提到了本來就有「發心與受戒同時」和「發心與受戒分開」兩種方式。

部分論師認為，阿底峽尊者主張的「願菩提心是承諾成就菩提之果、行菩提心是承諾修持菩提之因」並不恰當，因為後者並不符合菩提心「發心為利他，求正等菩提」的定義，且《瑜伽師地論》也將這兩種菩提心依序稱為「菩提心」與「菩薩學處」（可見後者並非屬於菩提心。）

然而，這種反對並不合理，誠如《攝大乘論》所說：當我們為了利他而願成佛，這種念頭就是「立誓成就菩提之果」的願菩提心；而當我們為了利他、願意成佛所以行佈施和大佈施就是「立誓成就菩提之因」的行菩提心，後者又怎麼能說不具備菩提心的要件？這種誤解也違背了《集學論》的觀點，而僅因它們在部分論典中依序被稱為「菩提心」和「菩薩戒」，也不代表質疑其中一者非菩提心是合理的。

總地來說，佛經對於「菩提心」的描述本來就有很多情境，包括心想「若我能得到如來之身該有多好」的念想、「願我未來能得到如來之身」的願望，以及如「我以蘇蜜施如來，願獲廣大功德利，種族名號聲聞眾，悉如今日釋迦尊。」的迴向，都被稱為「菩提心」。

想要成佛的這份心念，還可分成「願我成佛後度化所有未度眾生」、有如國王想要登基以為臣民建立法治的「如王之發心」，以及「願以此善使我及一切眾生都能成佛」這種迴向自己與他人同時成佛的「如船夫之發心」，如所謂：「我不求不顧，得迅速成佛，僅為一眾生，願住世無極！」這種徹底不顧自身的「如牧人之發心」等等。

不過，大菩薩們其實毫無「慾望」可言，如《寶授菩薩菩提行經》云：「寶授童子乃於殿上遙見世尊，舉手頂禮即作是念：『若有眾生覩見如來如是具足功德之相，不發大菩提心者難得己利。』又復思惟：『經於百千俱胝劫中難遇於佛，我今值遇甚為希有，當捨此身而為供養。』是時童子手持千葉金蓮，即於殿上投身而下。時彼童子佛力所持，住於空中，捧以金蓮用獻於佛。是時金蓮離童子手，乃於佛上虛空之中變成花蓋，眾寶嚴飾殊妙第一。爾時寶授童子即於空中向佛合掌，說伽陀曰：『我所獻蓮花，不為斷煩惱，及於一切法，唯為佛菩提。』」這種迴向屬於「無求之迴向」。

《持心梵天所問經》記載，佛陀為離垢英天子授記時，後者說：「今我坦然不遠求道，亦不願道。設不欣樂於佛道者，亦無所依、亦不得道、亦無所想念，何故世尊而授我決？」佛陀告訴他：「天子知之，草木莖節枝葉華實著於火中，若有人來說言：『勿燒草木莖節華實！』令火不燒，未之有也！不用彼言而不燋燒。如是，天子！假使菩薩不悅樂道、無所依倚、志不建立，亦不願羨一切諸佛，則為授決。設使天子：若有菩薩不志樂道，無所依倚、無所建立、無所僥願、無所得者，斯等菩薩乃為如來所見授決，當得無上正真之道。」菩薩這種如虛空一般的發心、如大海一邊廣闊的修行，是我等凡夫所難以想像的。

設問：「若不求成佛，那不就是放棄了願菩提心？」實際上，過去的佛陀們早就放下了「實執」，理解到一切都如虛空，毫無「得」與「不得」可言，因此扭轉了對「目標」和「方法」的實執，因此得到了「勝義菩提心」之名，這時所謂「放棄願菩提心」不過是在實執上的細分而已。

另外，若行者見到菩薩大士們的事蹟，產生心生嚮往的念頭，這念頭也是一種「隨順」的菩提心，誠如經論所說，追求無生法忍的六波羅蜜，也算一種距離較遠的波羅蜜。

若從層次來看，粗分的菩提心是「表意所生」——即現今所說「儀式所生」；細分的菩提心則是「法性所得」——即現今所說「禪修所生」，透過儀式而立誓要學習菩薩學處，因此所得到的菩提心，就是「菩薩戒」。

本論的「往昔，一切的覺者們都是先立志覺悟……立志覺悟」是發菩提心，「並將致力於熟習上述的學處。」則是受菩薩戒，可見此論的做法是兩者（菩提心與菩薩戒）同得。

另一種說法認為，如果只唸：「往昔，一切的覺者們都是先立志覺悟；如是，我從今起，為了謀求一切生靈的福祉而立志覺悟。」那就是純發心而非受戒。若這種發心以其內容為目標，而努力修行佈施等等，就會成為「行菩提心」；若只是發心而沒有精進，那就只是單純的「願菩提心」，這種發心又有「自力發心」、「他力發心」、「立誓發心」等許多差異。

還有，若行者已發過心，只想受菩薩戒，那就該立誓：「往昔，一切的覺者們依循熟習勇者的六度學處，如是，我從今起，為了謀求一切生靈的福祉而致力於熟習上述的學處。」這就是單純的受戒。

總之，發起「追求佛果故斷除障礙、創造成果的穩定心態」，即是「菩薩戒」的事例，菩薩戒的定義是：「願為利他而成佛，故立誓學習菩薩學處的殊勝心態。」它可分為三種：
一、斷惡的攝律儀戒。
二、修善的攝善法戒。
三、利他的饒益有情戒。

這三種戒屬於「增上戒學」，透過這種戒律所產生的三昧之心是「增上定學」，後者使行者得到的分析諸法之智慧是「增上慧學」，這三學是因果關係、前後順序明確。

部分論者主張：菩薩戒的定義是「願為利他而透過菩薩戒儀式得到的持續性善心」，這裡的「願為利他而透過菩薩戒儀式」排除了更基礎的戒律，「善心」排除了非律儀，「持續性」排除了半善法。但這種定義並不完善。

若根據這種說法，則諸如處於滅盡定的第八地菩薩，其心中的菩薩戒理應是「持續性善心」；但並非如此，因為他們正處在滅盡定、所以已經沒有心王與心所的作用。另外，菩薩戒的功能本來就是利他，故「透過菩薩戒儀式」受戒本來就帶有利他的作用，結果定義中還重複強調「利他」一詞，犯了重複之過。

薩桑．童智主張，菩提心的定義如上所述，可分成願菩提心與行菩提心兩種，但「菩薩戒」則是不顧自己的肉體與資財、徹底將三門都投入於利他，這就是大乘菩薩心中所有的律儀。然而，這種主張仍值得商榷。

試想，所謂：「不顧自己的肉體與資財，徹底將三門都投入於利他」指的是菩薩，還是菩薩心中的律儀？若指的是菩薩心中的律儀，那律儀哪有「自己的肉體與資財」可言？

若這指的是菩薩，那難道所有菩薩都是「不顧自己的肉體與資財，徹底將三門都投入於利他」嗎？若然，則就不會有乘坐於牲口所牽引之車乘的菩薩，也不會有退轉的菩薩，一切菩薩也都會是「究竟成熟」的菩薩，但這種理想並不合理；若然，則摩訶薩埵本生中，三個王子看到飢餓母虎時，兩位兄長無能為力，但摩訶薩埵王子自認，捨身對於自己來說雖然艱難，但對經由許多輩子的串習大士們又豈有難處可言，因此捨身。

結果，兩位兄長得知此事後，仍說：「你這不是在嘲諷我們的膽怯？」這不就呈現了兩位兄長雖是菩薩，仍有顧慮自己身命的情況？另，菩薩也有分成利根與鈍根、善巧與不善巧等種類不同，非我們所能全面了知。

那麼，三戒是同是異？總地來說，雖然從作用的層面來看三者有異，但舉例來說：「法佈施」本身是「饒益有情」，但這個善業也能讓自心「攝善法」、間接能夠斷惡而對自他都起到「攝律儀」的作用，所以許多的善行背後都能同時完善三戒，恰如一碗水能夠起到洗淨、滋潤、豐足等效用，故在實際層面上，一個善行同時具備三戒的情況極為常見。

一切菩薩戒勢必歸於上述三戒之中，《瑜伽師地論》云：「謂律儀戒能安住其心，攝善法戒能成熟自佛法，饒益有情戒能成熟有情，如是總攝一切菩薩所應作事。」這三者是因果關係、前者生後。

◇◇◇ 菩提心的儀式感

廣義來說，大乘佛教的修行方式廣闊無邊有如虛空，故授戒儀式也應多到不可思議，不過現在在印度與藏地主流的是二大車乘的思想與戒律傳承：

一、聖文殊傳給龍樹阿闍梨後，所傳承下來的甚深見派傳承。

二、聖彌勒傳給無著阿闍梨後，所傳承下來的廣大行派傳承。

針對這兩種傳承，薩迦班智達說：「大乘發心二，中觀與唯識……稻穀之種子，不能生寒地，唯識之發心，惡者不能生。青稞之種子，冷熱均能長，中觀之發心，善惡者均生。」

這種觀點將無著昆仲歸屬唯識傳承者，也是唯識思想者，但是其又曾提到，彌勒是十地菩薩、無著是三地菩薩、龍樹是初地菩薩。若然，則主張三地菩薩的思想不如初地菩薩極為不合理，且無著菩薩是為了度化世親論師才闡述了唯識思想，這不代表無著菩薩就是唯識思想者，反而證實了祂不是唯識思想者。另外，世親論師從唯識思想的角度詮釋《般若經》，主要是為了報答自己對《般若經》的理解源自唯識思想的這份恩情，從其他層面來看、自然可以發現世親論師內心早已產生中觀思想。

另外，所謂「中觀」與「唯識」指的是思想，關鍵差異就是在是否主張「自證真實」而有異，但這兩種戒律傳承完全不牽涉到「是否主張自證真實」這一議題；再者，就算將世親論師判為唯識宗師，因此其所傳承的戒律體系（廣大行派）就是唯識戒傳，那本傳承也應屬中觀戒傳，因為一樣經過了諸如聖解脫軍和尊者解脫軍等中觀宗師的傳承。

所以，廣大行派授戒儀式並非會受到中觀思想擊破的唯識思想，更不會受到證量更增上的禪師之體驗所推翻，廣大行派的文獻將「一切法」歸類在「三性」，並詮釋法性為「二清淨」。甚深見派的文獻則將一切法歸納於二諦，主要闡述「不如思想假立存有」的自性清淨空，這兩種觀點並無了義與不了義的差異，因為他們都能讓人登上見道、見到法性，故實際上並無二致，只是依弟子情況不同而提出的不同說法而已。

另外，主張「唯識派的菩薩戒無法在重罪者心中產生。」不過是迷惑愚人的說法而已：若依此邏輯來看，那穀物的種子既無法在極熱的火中生長，也無法在極冷的雪山上生長，那不就是全然無法在熱冷等任何環境中成長的廢物？

用這種極端的例子來說明，只會讓自己的論點被擊破：若唯識派的菩薩戒無法在重罪者心中產生，那所有眾生心中都曾有罪惡，也就都無法發生唯識派的菩薩戒。另，若將「重罪」的範圍限縮到五無間罪，認為造五無間罪者無法發生唯識派的菩薩戒，這也違背許多經論上記載，有人對自己造過的五無間罪心生悔恨後，發生了菩薩戒的紀錄。

另外，若先依甚深見派受菩薩戒儀式發心後，再經由廣大行派儀式來受戒就會變得不合理，因為這兩者一是中觀傳承、一是唯識傳承，怎麼會有人先有了中觀思想，後來轉為唯識思想？再者，若然，則一切菩薩的修行，包括皈依、七支等都分別可以分成中觀與唯識的兩個版本，因為這些修行的根本——「發心」——都已經分成兩種版本了。

假設修行者認為，持有中觀思想者的修行是中觀版、持有唯識思想者的修行是唯識版；那麼，若一個人持有中觀思想，則不論他是從哪個儀軌傳承得戒都會得中觀戒，反之亦然。則論者所說兩個傳承（甚深見派、廣大行派）的戒傳分別對應為中觀戒傳和唯識戒傳的說法就無理了。

所以，將這兩種受戒儀式，稱之為「中觀版」和「唯識版」的說法，是誤以為這兩種戒傳本身在思想上有異、有高低之差別而至，以致將廣大行派的大士們誹謗為唯識思想者，這種說法的破綻顯而易見，故應將這兩種受戒傳承稱為兩大車乘為佳。

不論是什麼受戒儀式，其對求戒對象的要求都是一致的：《律儀二十頌》云：「當以善意樂，從知住律儀，有力師處受。」要言之，受戒時分成「有師傳戒」和「無師傳戒」兩種情況，如果行者要去拜訪老師，卻會遇到壽命的危害，或是必須捨棄梵行，那就應將其視為「無師傳戒」的情況；反之，則就算老師住得很遠，也應視為「有師傳戒」而去求戒。

無師傳戒，包括難以圓滿八暇十圓滿，或是難以生起善心之時，則應於三寶或三寶的聖像前求戒；反之，老師的條件是作為我們慚愧的依止之處、取捨的教導之處、答覆弟子疑問之處，故應盡力尋得阿闍梨來求戒。

阿闍梨的定義，包括具備：通達傳菩薩戒之儀軌、得菩薩戒後無有損失、能表意、慈悲攝受弟子共四條的大士，《菩提道燈論》云：「從具德相師，受持彼律儀，善巧律儀軌，自安住律儀，堪傳律具悲，當知是良師。」通達大乘佛經的文意，同時也是持守菩薩戒的大士，則如本論所說：「珍貴的善友，即使生死關頭也絕不捨棄這一切。」

若是無師傳戒，則要在佛像前至誠唸誦「發願菩提心文」或「發行菩提心文」三次，即可得戒。《瑜伽師地論》云：「又諸菩薩欲受菩薩淨戒律儀，若不會遇具足功德補特伽羅，爾時應對如來像前自受菩薩淨戒律儀。」若連佛像也找不到，那可以觀想自己面前的虛空中坐著諸佛菩薩，親自來為自己證戒，並唸誦「發願菩提心文」或「發行菩提心文」三次。《集學論》云：「彼或無有善知識者，向十方現在佛菩薩前，專念作觀隨力稱量己，堅持是戒。」

受戒者的條件，如所謂：「性覺皈依為願依，別解脫願為行依。」大乘種性醒覺並皈依三寶，是願菩提心的受戒條件，因為若人沒有大乘種性，或是雖有大乘種性但未醒覺，就無法產生大乘特有的心態。《俱舍論》云：「餘亦有，不受三歸無。」

發起願菩提心的基礎之上再具備某種別解脫戒，則是菩薩戒的受戒條件，如《大乘莊嚴經論》云：「勝欲亦大護」。《菩提道燈論》亦云：「若常具餘七，別解脫律儀，乃有菩薩律，善根餘非有。」恰如轉輪聖王應該安坐在乾淨的王宮中，菩提心王也應該處在持有清淨戒律的心中，而且別解脫戒的本質是「斷害他」，菩薩戒的本質則是「修利他」，若沒有斷害，何來利益？故《解脫莊嚴論》云：「如果其他人聲稱：『別解脫戒是發起菩薩戒的載體，這種說法並不合理啊！好比經典上提到，有些無性徵者（無根）、性無能者（黃門）和天人，雖然無法得到別解脫戒，但是也能發起菩薩戒呀！另外，若說它是菩薩戒存在必須的載體也不合理，因為別解脫戒在人死去時即會消散，但菩薩戒並不會消失。』」

其實，別解脫戒基於受戒的心態而分成三類：
一、追求三界中之快樂而受七類別解脫戒隨一種的「正願戒」。
二、想要根本斬斷自己的痛苦而求得的「聲聞出離戒」。
三、追求大菩提而求得的「菩薩攝律儀戒」。

「其中，前兩種律儀無法發生在無性徵者（無根）、性無能者（黃門）和天人等載體上，也會在作為載體的眾生死亡時消逝，這兩種律儀一旦毀壞，就無法再恢復，因此它們並不能作為發起菩提心的載體。而菩薩律儀，不但能夠發起於無性徵者（無根）、性無能者（黃門）和天人等眾生，也不會隨著死亡消逝，就算其毀壞，也能夠修復，所以是菩薩戒的發起載體，也是其存在的載體。《大乘莊嚴經論》的註釋中提到：『以大護為所住，住菩薩戒故。』」或說，菩薩戒必須有發戒的載體，但不一定要有存在的載體；就像發起無漏戒時，必須以禪戒作為載體，但其持續的存在則不一定需要載體。

菩薩的別解脫戒不需個別的受戒儀式，只要心中產生菩薩的心態，就能將自己受過的「聲聞戒」轉為「菩薩攝律儀戒」，因為這個轉變過程是放下了聲聞的心態，但沒有放下「斷惡」的念頭。

同理，如果行者受七類別解脫戒時，心中已懷有菩提心，那其別解脫戒就是足以作為菩薩戒基礎的「菩薩攝律儀戒」，而不論過去得到的別解脫戒是「正願戒」還是「聲聞出離戒」；當此人心中發起菩提心後，就會超越了「追求輪迴中的快樂」或「追求個人寂靜的目標感」，變成「願為利他而成佛」，同時不捨「斷惡」的諾言，故其本來的別解脫戒就也會轉變成「菩薩攝律儀戒」，足以作為菩薩戒發起的基礎。

前述的「正願戒」與「聲聞出離戒」不足以作為菩薩戒發起的基

礎，意指當行者尚未放棄短視的心態時，自然無法發起菩提心，因為菩提心與短視是不可能共存的；但這種戒律仍有可能作為菩薩戒存在的基礎，如一個菩薩比丘若是為了利他而捨戒的情況。

設論：「若菩薩攝律儀戒不會在人離世時消失，難道會有一位比丘死後投胎為天人或人時，就是『天人比丘』或『幼童比丘』的存在嗎？」我認為，彌勒菩薩現在就是天人比丘，而諸如妙喜世界等淨土的人民，許多一出生時就是比丘，這就是論者所說的「幼童比丘」的情況。

有些人認為，這種說法受到了律藏的駁斥，但這到底是指小乘律藏還是大乘律藏？若是前者則無所謂，若是後者，則顯然沒有根據。

儀式本身，所謂：

上師傳教授，儀軌分兩種。

《解脫莊嚴論》提到了此二大車乘的傳承：「發菩提心的作法，在不同的睿智老師所傳下來的口訣中有不同的版本，此處要介紹一脈相傳自聖者文殊菩薩、龍樹阿闍梨到寂天阿闍梨的作法，與一脈相傳自聖者彌勒菩薩、無著阿闍梨到金洲大師的作法。」

首先是甚深見派的菩提心傳規：

文殊善開示，龍樹寂天訣，供皈及懺悔，隨喜勸請迴，

七種加行儀，正發心受戒，結自豪讚他。

本論採取的是這種戒傳，所以會在論體中漸漸闡述其完整內容。但總地來說，行者可依本論的引導，同時發心與受戒，或是單純發心、單純受戒，並唸誦相應的文句三次；其廣繁的作法則如《集學論》所說，文殊菩薩過去作為「虛空王」時，在雷音如來面前同時受戒與發心，我們也可如此受持。

《集學論》云：「乃至最初遠離輪迴邊際，利益眾生行如是行，我於尊所發菩提心，現前勸請令諸世間脫貧窮報，忿心、恨心、慳貪、嫉妒，我得菩提時悉不現起。乃至常修梵行脫諸罪欲，於佛隨學清淨尸羅、愛樂尊重，於大菩提不疾取證，我處後際於諸眾生一相無異。時十方界未聞我名，無量不思議剎土悉皆嚴淨，由身語意業清淨故，於諸所作悉亦清淨。又一切時堅持淨戒，盡生死際無諸過惡。又阿閦如來本願授決經云，彼阿閦如來往昔為菩薩時，作如是說：『若我生生世世不出家者，是則虛誑一切諸佛如來。』」

行者在受戒後，應向三寶獻上廣大的酬謝供養，沉思自己成就了偉大的利益而心生歡喜，並讚嘆自他與發願不忘失菩提心。

其次是廣大行派的菩提心傳規，這分成發願菩提心儀軌與受菩薩戒儀軌。

首先：

彌勒尊親述，教授傳規儀，願前行三門：祈集勝皈依。

正發菩提心。結喜說學處，是願心儀軌。

本受戒儀式分成前行、正行與結行三個部分，正行有：祈請、集資和特別之皈依。

首先，弟子要前去拜見善知識並頂禮，上師則勸發其厭離輪迴、悲憫眾生、希求成佛、虔敬上師，然後弟子祈請三次：「譬如往昔諸佛、如來、應供、正等正覺，及以一切登地菩薩，初發無上正等菩提之心，惟願阿闍梨亦令我某甲發起無上正等菩提之心。」

其次，積集資糧的方式，首要是頂禮三寶後，準備盡量豐盛的供品並觀想供養，恰如比丘戒從比丘眾中得、兩種菩提心則從積集福德資糧而得。若資糧豐饒，應獻上大量的供養，《賢劫經》云：「施稱洲如來昔於月頂如來前，供養精舍共十萬數，初發道心。」若資糧中等或較少，則如《賢劫經》云：「大光如來昔於錠光佛前，燒草燃燈，初發道心。」若身無一物，哪怕是合掌禮拜也是足矣，《賢劫經》云：「無量曜如來昔於淨光明佛前，頂禮合掌三次初發道心。」

特別的皈依，也就是不共的皈依，已如前所述。

受戒的正行，要先禪修慈心於一切眾生、悲憫他們的痛苦，並發願：「只有成佛能夠救度眾生出離一切痛苦，我應成就佛果、救度眾生。」然後口誦三次求戒：「十方一切諸佛菩薩垂念，阿闍梨垂念：我某甲此生餘生所作佈施性善根、持戒性善根、禪思性善根，或自作、或教他作、見作隨喜，諸善根力，等如往昔一切如來，應供正等正覺、大地菩薩摩訶薩眾，始發阿耨多羅三藐三菩提心。如是我某甲從今時起、直至登菩提道場，於諸眾生未度者令度、未脫者令脫、未覺者令覺、未究竟涅槃者令究竟涅槃故，發阿耨多羅三藐三菩提心。」

上文中提到的「未度者」是三惡道者，即未度過三惡道苦海者，「令度」則是讓他們往生善道。「未脫者」則是尚未擺脫煩惱枷鎖的人、天眾生，「令脫」是為他們解開枷鎖、登上解脫。「未覺者」是聲聞與獨覺者，他們尚未覺悟大乘之法。「令覺」則是覺悟發菩提心和六度修行、登上十地。「未究竟涅槃者」則是菩薩們，他們尚未得到無住涅槃，「令究竟涅槃」則是引導他們登上佛果。行者發菩提心，是為了上述的目的故立誓要成佛。

儀式的最後則是歡喜踴躍、學習學處，而行者在發起願菩提心後，即可名為「菩薩（菩提薩埵）」，因為已是關注於「菩提」和「眾生」且心懷勇氣的「薩埵」。

其次，本傳承的「菩薩戒」也由前行、正行與結行組成，所謂：

求受行戒故，求問共遮難，集資求速傳，問不共遮難，
許學處慶喜，是前行七要。正求菩薩戒。結祈請證明，
利益不率爾，學處及酬謝，五供施行戒。

行者要先向阿闍梨求戒，祈請三次：「阿闍梨！我今欲於阿闍梨所乞受一切菩薩淨戒，唯願須臾不辭勞倦，哀愍聽授。」然後是問遮難，首先是三種問共通遮難：

一、問勇氣遮難

阿闍梨問：「汝能學習成熟一切眾生學處否？」

弟子答：「能。」

阿闍梨問：「汝能嚴淨無量佛土取悅無量諸佛否？」

弟子答：「能。」

阿闍梨問：「若失菩薩戒過患廣大汝怖畏否？」

弟子答：「不畏。」

阿闍梨問：「汝願修學利益無量之學處否？」

弟子答：「願。」

二、問智慧遮難

阿闍梨問：「汝曾聞菩薩藏本母否？」弟子答：「少聞。」

阿闍梨問：「汝知菩薩藏本母否？」弟子答：「少知。」

阿闍梨問：「汝信菩薩藏本母否？」弟子答：「深信。」

阿闍梨問：「汝能持菩薩藏本母否？」弟子答：「能持。」

三、問動機遮難

阿闍梨問：「善男子！諦聽：汝欲於諸眾生未度者令度、未脫者令脫、未覺者令覺、未究竟涅槃者令究竟涅槃、紹隆佛種令不斷絕否？（答：欲）如是汝發心發意方得堅定。汝發心者為欲共他人較量否？（答：否）汝發心者受他人所迫否？（答：否）」

若無師傳戒而自受戒，在問遮難的段落就只要自己唸誦一次：「我欲於諸眾生未度者令度、未脫者令脫、未覺者令覺、未究竟涅槃者令究竟涅槃、紹隆佛種令不斷絕！我發心發意真實堅定。」即可。

問遮難後是積集資糧，可以只唸誦所謂：「無餘用心獻，真實與觀想，及無有主物，無上供養聚。我身及受用，三時諸善根，無餘供尊前，願成佛救生！」一次，或任何其他儀軌的供養文和供身文，再祈請三次：「唯願阿闍梨哀愍迅速授我菩薩淨戒！」

下一階段是阿闍梨的問不共遮難：「汝某甲是菩薩否？（答：是）發菩提願未？（答：已發）。」在弟子充分理解菩薩戒學處後，阿闍梨再問：「汝欲從我處受如是一切菩薩學處、一切律儀否？」弟子應回答：「是我所求。」

若無師傳戒而自受戒，這一段問遮難則要結合在一起，自己口誦一次：「我某甲是菩薩已發菩提願，願從諸佛菩薩處受如是一切菩薩學處、一切律儀！」然後弟子應心想：「我今不久當得無盡無量無上大功德藏之源——菩薩戒」，上述即為受戒加行的七個步驟（儘管《解脫莊嚴論》主張有十個步驟，但現在的實務層面則為七個。）

受戒正行階段，是要讓弟子產生守護「願為利他而成佛」之心態，阿闍梨問：「善男子某甲，欲於我某甲菩薩所受諸菩薩一切學處、受諸菩薩一切淨戒，謂律儀戒、攝善法戒、饒益有情戒。如是學處、如是淨戒，過去一切菩薩已具，未來一切菩薩當具，普於十方現在一切菩薩今具。於是學處、於是淨戒，過去一切菩薩已學，未來一切菩薩當學，現在一切菩薩今學。汝欲求不？」

弟子應回答：「欲求。」如此重複問答三次，即是受戒。

若無師傳戒而自受戒，則應自己口誦三次：「願十方諸佛乃至一切大地菩薩為我作證，我欲真實普受諸菩薩一切學處、受諸菩薩一切淨戒，謂律儀戒、攝善法戒、饒益有情戒。如是學處、如是淨戒，過去一切菩薩已具，未來一切菩薩當具，普於十方現在一切菩薩今具。於是學處、於是淨戒，過去一切菩薩已學，未來一切菩薩當學，現在一切菩薩今學。」

然後是祈請證戒：阿闍梨單獨應頂禮十方、供養十方，接著合掌胡跪：「今於此中現有某名菩薩，於我某菩薩所，乃至三說真受菩薩戒，我某甲為此某菩薩受戒作證然不現覺，唯願具足現覺一切十方世間界一切法智者，亦為作證。」複誦三次後頂禮。

若無師傳戒而自受戒，則應自己口誦三次：「今有我某名菩薩真受菩薩戒，我某甲受菩薩戒然不現覺，唯願具足現覺一切十方世間界一切法智者，亦為作證。」

然後是說戒功德，阿闍梨應說：「菩薩某甲諦聽！如是受戒羯磨畢竟從此無間，普於十方無邊無際諸世界中，現住諸佛、已入大地諸菩薩前法爾相現，如實覺知：『某世界中某名菩薩，於某菩薩所正受菩薩所受淨戒。』一切於此受戒菩薩如親生親善意，眷念憐愍。由是眷念憐愍，令是菩薩福慧資糧倍復增長。」若無師傳戒而自受戒也應如此自勉生信。

然後是提醒不率爾說戒：「菩薩某甲諦聽！又諸菩薩於受菩薩戒律儀法，雖已具足受持究竟，而於謗毀菩薩藏者無信有情，終不率爾宣示開悟。所以者何？為其聞已不能信解，以無信解便生誹謗，由誹謗故，如住菩薩淨戒律儀成就無量大功德藏。彼誹謗者亦為無量大罪業藏之所隨逐，是故菩薩護諸眾生離一切苦，當護眾生遠離惡業，是故最勝菩薩當隱密之。」若無師傳戒而自受戒也應如此自勉提醒。

最後，善知識應為弟子介紹學處，並在受戒儀式最後舉行大量的酬謝供養和讚嘆。

廣大行派受戒儀式如上。

設問：二大車乘的受戒儀式所產生的菩提心是同是異？

薩迦班智達等學者主張，兩者不但有異，更有優劣之分，部分論典則主張這兩個戒傳在受戒儀式上、戒條上和還淨方式上都不同：

一、受戒儀式之差異
廣大行派不重視受戒前要懺悔，因為懺悔時必須心生悲痛悔恨，但發菩提心應歡喜踴躍；而屬於甚深見派的本論則談到了非常完整的懺悔細節，因為只有淨化如白布的人心，才能染上如色彩的菩薩戒。

廣大行派在受戒時只提到頂禮與供養，沒有提到七支，本論則完整提到了七支。廣大行派要求阿闍梨在傳戒前要解釋學處和問遮難，本論則沒有這麼要求。

二、戒條之差異

兩系在儀式正行上稱呼「菩提心」與「菩薩戒」時用詞也有所不同，兩系在儀式結行上是否闡述學處也有差異，至於學處戒條方面：廣大行派主張四根本墮，本論則強調五種如王根本墮、五種如臣根本墮、八種初學根本墮和通則的不捨菩提心，共十九條。

三、還淨方式之差異

兩系對還淨的作法也有不同的主張，《律儀二十頌》云：「應重受律儀，中纏悔三前，餘罪染非染，懺一如心前。」《集學論》則主張要在虛空藏菩薩面前懺悔，不但如此，兩系還有很多細節上的差異。

我個人認為，針對這兩系菩薩戒屬同屬異的問題上，若只強調其儀式的不同，並非智者的答案，這種答案就有如認為：「《集學論》的印度版本，一種是用蘭遮文書寫、一種用瓦爾督文書寫，所以版本不同。」一般膚淺。

上述這些觀點，會出現如下的矛盾：

- 廣大行派的傳戒儀式因為沒有如洗淨染布才上色一般，先透過懺悔淨化弟子心續再傳戒，理應無法產生菩薩戒戒體。
- 甚深見派的傳戒儀式因為沒有使弟子發起歡喜踴躍之心，反而先讓其悲痛懺悔，故應無法產生菩薩戒戒體。

其實，受戒弟子的歡喜踴躍之心，一來是經由懺悔罪惡淨化自心，二來是了解到菩提心是淨化罪障最好的對治方式，故歡喜雀躍想要受戒，怎麼可能是不見罪障缺失，反而心懷傲慢地來受戒？另，一般受戒的心理狀態，必須處在過度雀躍與非常疲弱之間，所以「歡喜雀躍」與「生菩薩戒」的關係較為微弱。

再者，廣大行派文獻只提到「禮拜」與「供養」，又何以見得不重視其他五支？問遮難也有簡易的版本，即從問「汝是菩薩否？」到問：「汝願修學利益無量之學處否？」之間，而如果確定求戒者是希求發心者，也可以不詢問，因為他們勢必符合要求，恰如已經看到一個人會走路了，就不需要問他「你會走路嗎？」

兩系戒傳的發心文字與意義也是相似的，《瑜伽師地論》云：「譬如往昔諸佛、如來、應供、正等正覺，及以一切登地菩薩，初發無上正等菩提之心。」與本論所說：「往昔，一切的覺者們都是先立志覺悟。」兩者有何不同？

雖然《瑜伽師地論》有提到「未度者令度」等等本論沒有提到的內容，但本論的受戒文意義上自然也含有這相對應的內容。既然已經承諾：「我要如一切的過去覺者們一般立志覺悟。」那自然也就要模仿過去一切諸佛的菩提心。

至於受戒文，兩系則高度一致，本論單純的受戒文為：「往昔，一切的覺者們依循熟習勇者的六度學處。如是，我從今起，為了謀求一切生靈的福祉而致力於熟習上述的學處。」《瑜伽師地論》云：「欲於我某甲菩薩所受諸菩薩一切學處、受諸菩薩一切淨戒？」這句提問的文字雖然較多，但也不會導致本論的戒傳所指涉的對象更狹隘：因為「往昔一切覺者」一詞也就包括了現在與未來的覺者們。總之，兩系的受戒文，都是承諾自己要「學習一切菩薩學處」——即持守菩薩戒，並要如諸佛菩薩的發心一般來發心。

兩系的儀軌結行上，雖然有解釋學處與否等「名義」上的差異，但是都會在當場，或在其他場合，或廣、或略的介紹學處，這是一致的；恰如毘奈耶系統中，一旦禮請了和尚，就不一定有急於現場闡述學處的必要。

我認為，這兩系的戒傳儀軌僅在針對的對象不同：本論的甚深見派受戒儀軌，是針對喜歡化繁為簡的弟子所說，故儀軌較為簡單；廣大行派戒傳，則是針對喜歡繁文縟節的菩薩所說，所以將細節分析地很清楚來傳授，但兩系的儀式本質是一樣的，其所傳授的菩提心也沒有差異，因為都是要讓弟子產生關注於「菩提果」和追求「利他人」的心態，兩系也都將「願為利他而成佛」的心態視為菩提心，也都「願為成佛而學菩薩學處」的承諾視為菩薩戒。

有些人認為，兩系看待弟子時，一系視之為「眾生」，而另一系視之為「菩薩」，用這種角度來定義差異實在是荒謬。有些人則認為：「本論主張同得菩提心與菩薩戒，廣大行派則是主張先發心後受戒，故有差異。」然而，這是因為廣大行派針對的對象是喜愛細節的眾生，該戒傳大部分的修持者屬於「漸悟者」，所以才會鼓勵弟子先發菩提心後，盡力研修菩薩三藏，然後再受菩薩戒。

相對的，本論則是針對喜歡簡化的「頓悟者」，因此才習慣同時發心與受戒，儘管如此，正因「發心」是「受戒」的基礎，必須在於「受戒」前發生，所以本論的文句上也是先有發心才有受戒，兩者之間相隔了許多剎那。故若仔細分析這裡所謂的「同時」，會發現其實仍有細微的前後時間差，若兩者真的同時則哪有基礎與否可言？

同理，兩系的戒律內容與還淨方式並不矛盾，詳情後陳。

◇◇◇ 菩提心，要學什麼？

不捨一眾生，常思此心利，勤於集二資，覆修二覺心，
捨四種黑法，近四種白法。

首先，若是對某個眾生產生厭惡之心態，心想「我永遠不要利益你了」或是「願我再也不要見到你」的厭棄念頭，並任由這念頭超過一座，就會失去菩提心。具體來說，只要針對「具體的一個眾生」產生這樣的心態，就算是「放棄眾生」的範疇，因為「放棄一切眾生」的念想，只存在於「聲聞心」與「獨覺心」中。所謂：「若恩將仇報，報以大悲心，閻浮勝行者，惡報以善答。」《佛說弘道廣顯三昧經》云：「有一法行，菩薩應者相好備具得

諸佛法，何謂為一？造起道意不捨眾生。」如此修學，是不失菩提心的方法。

恆常思考菩提心的利益，也是不失菩提心的方法，所謂：「我也禮敬菩提心，它能讓人遠離苦難之途、走向安樂之途，終得涅槃。」本論也說：「因此，我禮讚所有培育了菩提心的勇者們。」這些都直陳了菩提心的功德。

《資糧書》云：「菩薩當常思：我今所造福，及諸智慧聚，如何利有情。」行者若心懷善念，常修諸如十法行、四攝事和三律儀等方便修行（福聚），並認識到這些修行三輪體空（智聚），這樣光是唸一次短咒，都能不停地同時累積福德資糧與智慧資糧，來促進菩提心的心力。

修因慈與悲，日發心六座，自他換取捨，如是修覺心。

修持慈悲是強化菩提心之因，一再發菩提心是強化菩提心本體，捨自己的善業給眾生、取眾生的苦難來承擔的「取捨」，則是透過心態與實踐並行的方式來修菩提心。

欺師堪供處，無悔令他悔，瞋謗諸菩薩，狡詐對眾生，
此為四黑法，退忘菩提因，反之四白法，恆常不忘因，
已說願學處。

第一黑法，是指刻意想要欺騙老師、和尚、阿闍梨與福田等堪供養

處而說謊，無論對方有沒有感受到、是否歡喜、程度輕重、是否受騙，只要行者在一座間沒有對治這個行為，就失去了菩提心。

第二黑法，是刻意希望他人對自己所造的善業感到悔恨，而令其感到後悔。無論對方有沒有產生悔恨，只要行者在一座間沒有對治這個行為，就失去了菩提心。

第三黑法，是忿怒謾罵一位發心的行者，無論如何謾罵、無論對方有沒有聽到、是否開心，只要行者在一座間沒有對治這個行為，就失去了菩提心。

第四黑法，是諂媚欺誑任何一位眾生，無論對方有沒有感受到、反應如何、有沒有被傷害，只要行者在一座間沒有對治這個行為，就失去了菩提心。

上述四種黑法的對治則是四種白法：
一、在有意識的情況下，也不會為了保護性命而說謊。
二、努力帶領一切有情進入善業，特別是大乘善法中。
三、視發心菩薩為佛並向十方廣宣其功德。
四、抱持真誠的心態面對眾生。
這些內容源自《大寶積經．普明菩薩會》。

其次，菩薩戒的學處也分成「應遮學處」和「應修學處」。

首先，應遮學處根據《瑜伽師地論》的傳承中為：「貪求利養故，自讚毀他一，慳不捨財法，予苦無依二，不受他諫謝，忿蔽損他三，謗菩薩藏法，宣相似法四。」共有四個（或八個）根本墮，若以上品纏的煩惱而造下這些行為，則會失去菩薩戒，嚴重程度等同比丘戒的「他勝罪」，若是以中品或下品的煩惱而造，其嚴重程度則如同比丘戒的「僧殘」和「墮罪」。

另有四十六惡作：「不供三寶犯，隨大欲轉犯，不敬耆德犯，不正酬問犯，不受他請犯，不受金等犯，不施求法犯，棄犯戒者犯，不學令信犯，少事利他犯，憐愍皆不犯，堅持邪命犯，掉舉輕躁犯，一向流轉犯，不避惡譽犯，不治憂惱犯，他罵報罵犯，輕捨恚者犯，不受悔謝犯，堅持懷忿犯，貪供御眾犯，不除懈怠犯，愛說世事犯，不求定心犯，不捨惱蓋犯，貪味靜慮犯，捨聲聞乘犯，修學小法犯，未精勤外犯，研愛外論犯，憎背大乘犯，自讚毀他犯，不往聽法犯，毀師依文犯，不助求者犯，不供事病者，及不伴苦犯，不導放逸犯，不酬報恩犯，不解他愁犯，不施求財犯，不利徒眾犯，不隨他轉犯，不揚他德犯，不應緣罰犯，不現通怖犯。悲故具慈念，善心皆不犯。」這相當於比丘戒的「突吉羅」罪。

《集學論》則引用了《虛空藏經》的記載：

盜三寶財物，誹謗正法教，治罰戒相者，造五無間業，
執持斷見想。菩薩王五墮。毀村邑聚落、及毀壞國土，
菩薩臣五墮。毀佛身出血，及四根本墮，菩薩僧五墮。
少慧示空性，退轉大乘人，捨解學大乘，誹謗聲聞乘，
自讚而毀他，妄言證甚深，取賄三寶物，施禪物予學，

初業八墮罪。

該經將搶奪三寶物、破城、謗法、傷害僧相者和無間罪共五墮罪，加上細分「破壞聚落」的五個內容，共構而成的十種墮罪視為「如臣墮罪」，該論則將前五條與王罪相通的內容歸屬「如王墮罪」、後五個內容歸為「如臣墮罪」，某些註解中則認為「如臣墮罪」只有「破壞聚落」一條。

總之，《虛空藏經》云：「善男子，聲聞眾根本墮罪有五。云何為五？殺生、偷盜、淫慾、妄語、出佛身血。此為五根本墮罪。」但現在很少有人引用此經。

本戒傳的其他戒條內容較好理解，如傷害僧相者意指：「若依我法而出家者，剃除鬚髮被袈裟服，於學、無學、持戒、毀戒脫其袈裟、逼令還俗。」可見僅僅是外相為出家者，也包括在這裡所說不可傷害的對象中，若對其施加傷害，就會造下根本墮罪。

五無間罪，則包括：

一與二、我們肉身的是由精血所構成，精源自「父親」而血源自「母親」，故殺害他們是無間罪。

三、殺害斬斷三界煩惱的「阿羅漢」是無間罪。

四、如來之肉身是無人能殺害的，但若以惡心「出佛身血」，是無間罪。

五、雖然佛教中只有提婆達多曾經「破和合僧」，但若以不清淨的動機、或為了爭奪資財而分裂僧團，也是無間罪。

這五無間罪罪重難說，會使造作者在死後立刻前往無間地獄，故名五無間罪。

斷見，指的是否定「善惡因果」和「轉世投胎」，而「破壞聚落」一戒中的「聚落」，根據《般若八千頌》的註解，包括：四個家庭構成的里、十八戶構成的村、許多村構成的城、許多城構成的洲、許多洲構成的國等等。

凡夫的八種墮罪中：

一、向不熟悉者宣說空性，因為這會使其恐懼，但若反而因此產生信心，則不犯戒。

二、讓大乘者轉向二乘時，若是確定對方是小乘種性，則不犯戒。

三、讓小乘者轉向大乘時，若是確定對方是大乘法器，則不犯戒。

四、誹謗聲聞乘並不適宜，但若是為了要度化一個有大乘緣份之弟子而假裝誹謗，則不犯戒。

五、為求名聞利養自讚譭他。

六、妄說自己已「領悟無生法忍」等的上人法妄語。

七、挑撥當權者與出家人的關係，計劃或實際巧取、豪奪三寶之財，使其歸屬當權者。

八、奪取修斷惑禪比丘（禪師）之物資，計劃或實際交付給諷誦比丘（論師），接納其物資者與迫害者同罪。

這些墮罪都與比丘的「他勝罪」相等，特別是後面這五條沒有不犯戒的開緣特例。惡作的部分，則有「棄捨八十惡作」：
他苦心不安，能除卻不除，不助生樂喜，墮本依身心，
分成四種失，依現在未來，時分為八種，三門不精進，
不求利益因，不勤修對治，隨如是三門，又成二十四。
即棄樂喜罪。大苦及憂愁，不生小對治，墮本依今後，
時分四種過，依自他分八。大樂大喜故，不捨小安樂，
墮本依現後，相續分八種，是棄修行墮，共有十六種，
如是四十過，依暫時永遠，捨棄分兩類，利弊無盡故，
支分墮八十。

我們可以發現，《瑜伽師地論》的戒條主要是針對菩薩僧侶易犯的內容而設，《虛空藏經》的戒條則主要針對菩薩居士易犯的內容而設，不論一位居士是王、臣或民，都必須注意這十八條墮罪，而廣大行派菩薩戒弟子如果不注意這十八條墮罪，自然也就持守不了自己的戒律，不過最主要還是透過認識到這些墮罪的內容，而謹慎護持。

所以，兩系戒條雖然在用詞和名字上有差，實際上是兼容的，不過是階段性上用了不同的詞彙來稱呼而已。

最後，大乘的諸多佛經上也片段片段地談到了各種戒條，並為諸大論師們所重視，總集來說：
復有順墮分：身語意不善，十種當遠離。離貪瞋八法：
得失與譽毀，苦樂讚毀世。親怨及害心，暴虐與輕蔑，
飲食不死想，八邪思應斷。矯詐與諂誑，現恩求利財，

五邪命應斷。王宮非人處，屠舍妓院酒，五非處應離。
惡友當遠離，邪見聲聞乘，起作意擇滅，執著及慢心，
深執於授記，樂獨謗他人，互諍不和睦，瞋他菩薩等，
魔業當斷除。應遠離見執，尋外道密語，眷戀視俗家，
妒嫉諸菩薩，棄未聞經典，四漏善應斷。如金剛相擊，
菩薩互瞋恚，唯瞋能摧故，應當斷瞋恚。殺盡閻浮提，
奪盡諸財物，不如障礙他，菩薩施一食，予一畜生者，
後罪更重大，實難相比擬，故應斷障善。我慢心充滿，
功德水難入，故應斷我慢，無慢為最勝。諸經中世尊，
再再禁如上。有部論亦言，輕蔑梵行友，無罪能勝此，
能盡諸善根，故勿起害心，若火星點許，況於有情身？
是故百分一，應斷除慢心。總之取捨事，未審慮擇時，
盲入或恣出，出生諸墮罪。依法審思已，輕重知利弊，
善知而取捨，無有墮罪過。如是知應斷，立誓堅持戒，
永不染墮罪。染即懺防護：諸佛菩薩前，頂禮祈垂鑒，
悔過並發露，堅持不復犯。誦經咒立塔，諸多善功德，
無非對治力。信法本無生，解空勝對治，通達染污法，
本來即清淨。佛許若能見，輪迴即涅槃，必勝惑魔軍。

除了犯下根本墮以外，失去菩薩戒的誘因還包括放棄皈依和退轉願菩提心：

捨戒生邪見，二乘作意心，放棄眾生等，根斷大戒因。
根墮損壞戒，惡作令衰弱。

若是放棄皈依和菩提心，就是根本地放棄菩薩戒，恰如圖畫無法

存在於虛空中一般，畫布一旦消失，圖畫也就會不見。另：若是捨菩薩戒，自然也會失去菩薩戒，因為捨戒就是「退轉」之意。

若心生邪見也會失去菩薩戒：一旦認為：「解脫和業因果報不存在。」就會徹底失去造善的基礎條件。

若心生聲聞心和獨覺心：「我要追求個人的寂靜，無上菩提有何意義？」也會失去菩薩戒，因為心生相反於願菩提心的心態。

若放棄眾生，也會失去菩薩戒，因為放棄眾生就是放棄菩薩戒的基礎「願菩提心」，不過有些人認為這不會失去菩薩戒的根本，但會讓菩薩戒的根本衰弱無力。

其次，應修學處者：
學處有六度，概要即三戒。

◇◇◇ 菩提心，有什麼好？

趨入佛子序，菩薩學處磐，根斷罪業陰，培無上覺本，
得無量福德，蒙諸佛歡喜，利生最殊勝，快速得成佛，
是願心八利。自利福不斷，利他無邊生。行心更二利：
無盡且全面。總之現究竟，利樂之泉源，無量利益得。

菩薩戒應修學處，包括六波羅蜜、三學、三律儀，總之就是本論所說一切菩薩修行。若行者心中沒有菩提心，那就算實踐了再豐富的修行，也不算是大乘弟子，故無法成佛。反之一旦心生菩

提心，那就是大乘弟子，能得「佛子」之名。《瑜伽師地論》云：「又諸菩薩初發心已，即名趣入無上菩提，預在大乘諸菩薩數。」本論也說：「一旦培育了真實的菩提心，此刻起，他就是覺者之子、他就是勇者，蒙受世間一切天神與社會大眾的恭敬。」

其次，菩提心是一切對治煩惱之善法中最為殊勝者，能夠摧毀一切罪障，本論說：「菩提心就像末日大火一般，能瞬間燒毀一切重罪。」再者，菩提心就像是在自心的大地中植下了佛果大樹的樹苗，《瑜伽師地論》云：「是故發心能為無上菩提根本。」另，〈勤授長者會〉云：「菩提心功德，若有色方分，周遍虛空界，無能容受者。」《釋菩提心論》云：「若人能觀修，剎那菩提心，此之福德聚，無有能勝者。」〈勤授長者會〉云：「恒河沙數等，諸佛剎土中，假使布珍寶，供養於諸佛，有能一合掌，迴向菩提心，其福過於彼，邊際不可得。」《如幻三摩地無量印法門經》云：「若能一發菩提心，廣為眾生作利樂，此即名為真供養，正覺三十二相者。若人以彼殑伽沙，是等數量諸佛剎，滿中勝上諸妙華，供養世尊救世者，若人至心但合掌，發起無上菩提心，是人所獲勝福門，倍多於前無有量。異此何名真供養？異此何名勝依止？若人能發菩提心，我說名為上智者。」《佛母寶德藏般若波羅蜜經》云：「世間無種不生樹，枝葉華果悉無有，無佛誰指菩提心，亦無釋梵聲聞果。」《瑜伽師地論》云：「發此心者不住二邊，速得無上正等菩提。」

發行菩提心的利益，則在上述的基礎上加上本論所說：「此刻起，此人不論是在睡眠還是玩樂，福德都會自然增長，充滿虛空……有何等善行、何等親友、何等福德，能勝過為乏樂多苦的生靈創造安樂、消除苦難並療癒煩惱？」

總之，菩提心是輪迴中一切快樂的泉源與守護者，恰如有大樹的遮蔭，才能讓草苗自由生長一般，聲聞與獨覺的一切功德，對這顆菩提心樹王來說不過如一些果實一般，一切菩提心的功德，則是菩提樹王本季的果實，一切佛果則是菩提樹王究竟的果實，可見輪迴與涅槃的一切美好，都源自菩提心。

◇◇◇ 菩提心，搞砸怎麼辦？

若壞此勝心，佛悲欺眾生，墮落失自他，故勤護此心。

若失去菩提心，會無終止地流轉輪迴，失去利他的機會，更離登上菩薩之地極為遙遠，本論云：「若已承諾追求一切生靈的福祉，卻不精勤努力實踐，此即欺騙生靈，將使來世轉往何處……放棄覺悟，是菩薩戒律的重罪，因為這分念頭會摧毀一切生靈的福祉……耽擱很久才能轉凡成聖。」

◇◇◇ 菩提心破了，怎麼修補？

極大根本墮，懺菩薩僧前，再受菩薩戒。中墮懺三前，
餘懺一人前。或稱虛空藏，名號而禮拜，夢中得見身，
吸收其墮罪；若未成就前，破曉祈請力。另於六座中，
常誦三蘊經，能免墮水染。諸法本寂靜，知其如空幻，
不捨悲眾生，不落惡處中。

《律儀二十頌》云：「應重受律儀」雖然這裡是直接提到重新受戒，沒有提到捨戒，但若是犯下根本墮罪，必須慚愧懺悔並捨戒，然後重新受戒，這才合理；各乘的律儀在其基礎毀壞後，若沒有將這個毀壞的根基捨棄，就無法真正得到還淨。《律儀二十頌》又云：「中纏悔三前」也就是間接指出，若是「大纏」則必須在大眾前懺悔。至於重受律儀的方式，則是在有師或無師的情況下受戒。

藏納巴．精進獅主張，菩薩戒可以重受最多七次，過了七次就不能受戒了，但措那瓦則認為，這是引用毘奈耶系統中，認為一個人只能受比丘反覆七次的紀錄，同理推論而來，但菩薩戒理應沒有這樣的限制。

「中纏」所造的根本墮是「中漏罪」，要在三個菩薩前懺悔還淨，若是「小纏」所造的根本墮是「小漏罪」，則要在一個菩薩前懺悔、還淨，其餘的造惡作罪則透過唸《三蘊經》即得清淨。一般來說，若是超過了懺悔的期限，那超過得越久，其損害就越大，如毘奈耶系統中有「摩那埵」的做法，其實所有戒律系統都有這樣的規則，也就是在犯下根本墮後，如果長達數月甚至數年，在懺悔的基礎之上，還需「造善對治」。

另外，初學菩薩若是犯菩薩戒，就應該祈禱虛空藏菩薩，菩薩以其願力能夠淨化弟子的墮罪，因為其頂上帶有燦爛的帝網天珠，這象徵祂擁有能夠吸收初學菩薩墮罪的力量。

根據經典的記載，犯戒的初學菩薩應先洗浴清淨、身塗香粉，禮拜唸誦虛空藏菩薩的名號，就能得到菩薩在現實或夢境中，應機顯現來傳授拔除其墮罪的方法；若菩薩沒有現前，那就要在破曉時起身，向星辰合掌：「明星明星，成大慈悲！汝今初出照閻浮提，大悲護我，可為我白虛空藏菩薩摩訶薩。願於夢中示我方便，發露懺悔、犯根本罪，令得大乘方便智眼。」然後再次入睡後，就會在清晨時夢到虛空藏菩薩現前。

若是在靜處頂禮虛空藏菩薩後，焚燒沉香或漢香、塗上應時的香粉，合掌五體頂禮五方，並誦咒七次：「達迪雅他　素密日夏　素密日夏　素密日夏　噶如逆噶　雜惹雜惹　比雜惹薩雜惹　噶如逆母惹母惹　北噶塔日瑪雜美　普雜巴達噶如逆噶　怎塔瑪尼　布惹雅噶如逆噶　薩爾瓦夏美　斯塔巴雅　阿迦塔日　思菩公思菩公　如帝比威噶公智師智　比威噶公布惹雅　噶如逆噶　布惹炎度　瑪瑪阿夏　薩爾瓦班雜　阿修噶噶帝　斯瓦哈」然後入睡，就會在夢中看到虛空藏菩薩應機顯現為其傳授一門之法，所以我認為若懺悔時唸誦此咒效益非常，這也是「得三昧陀羅尼」。

若菩薩要懺悔時，無法找到一個菩薩僧團來進行懺悔，也可以觀想諸佛菩薩出現在自己面前，然後唸誦《三蘊經》等文句來懺悔並立誓持戒，然後再次受戒，那就能徹底還淨，因為大乘唯一重視的是「意業」。

上述介紹了如何修行與還淨世俗菩提心，接下來要稍微介紹有關勝義菩提心。根據《密集根本續》對勝義菩提心的描述：「遠離一切事，捨離蘊處界，乃至能所相，法無我等性，自心本不生，此即本空性。」龍樹對此續的註解就是《釋菩提心論》，而此師所寫的《菩提心作法》則提到：「譬如往昔諸佛世尊及菩薩摩訶薩眾，離一切事、普斷蘊、處、界、能取、所取，以法無我平等性發自心本不生、體性本空菩提心。」這就是將上述《密集根本續》的頌體長行書寫。

聖龍樹的儀軌能夠傳授發生勝義菩提心的續流，雖然薩迦班智達提到諸如：「勝義之發心，實修方生起，儀軌不能得，若能依軌得，則從相中生。」但這是值得分析的：

首先，密宗是否有發起勝義菩提心的方法？設有，那應該透過「儀式」才能發起，因為薩班認為顯密的差異就在於「有無儀式」；若然，則這種菩提心也是「相生」的菩提心了，但這並不合理，因為他主張勝義菩提心是三輪皆空而得戒。

其次，兩系戒傳的菩提心應該屬於密宗菩提心，因為是經由儀式所發生，設是，則此儀式理應有灌頂儀式，因為薩班認為若無灌頂儀式則非合格的密宗。

所謂的「儀式」意指「實踐的方法」，比如耕田的方式可以稱為「耕田式」、海中採寶的方式則是「採寶式」等，不過若是太執著於純粹的名詞而非意涵，就遠非智者的表現，邏輯上來看世俗菩提心也是間接促生勝義菩提心的遠因，則也應該算是「勝義菩提心儀式」了。

一般來說，「勝義菩提心」是「禪力所生」，但許多人誤解以為它是不需經過受戒、持續等待，某一天就會如水面浮出水泡一般突然出現，而不是透過禪修，使現有的勝義菩提心越來越清晰；這些人就好好等著吧！看看結果如何！

事實上，勝義菩提心是從此刻起，就以禪修「平等定」為主來發生。《釋菩提心論》云：「現行密咒門之眾菩薩由此世俗相故，發起世俗菩提願心者後，修習勝義菩提心力令生起。」可見這是要經過「修習」的。

若主張：「這段論文根據的是《密集根本續》，所以是在描述密宗的勝義菩提心，而不是顯宗的勝義菩提心，若是將其範圍擴大到後者，則是『以顯為密』的誤解。」但這段文字是由佛陀在密續中以偈頌體宣說，再於《百拜懺悔經》以長行宣說，兩段經文內容一模一樣，又何以認為這是專屬密宗？譬如，該論是將般若波羅蜜多的洞見精華濃縮而來，但這也不會導致本論是將《般若十萬頌》等內容「以顯為密」。

所以，空性與慈悲無異的洞見，就是勝義菩提心的本質，《釋菩提心論》云：「諸佛菩提心，離我蘊識執，恆緣空性修，妄念皆不礙。悲心所滋潤，此心精進習；具大悲諸佛，常觀菩提心。」

那麼，何謂「空性」？「空性」無法表示，且不存在為任何性質，但初學者必須透過層層代謝，以概念性的理解來通達，所謂：「遠離一切事」是對空性的簡述，因為一切事物擺脫概念、甚至擺脫「非概念時的某個本質」，這種本來寂靜的狀態，就是「一切事物之空」。

佛陀曾經在經典上介紹了「五蘊」，這是為了瓦解部分外道認為「我獨一」的概念，又曾介紹「十八界」，這是為了瓦解部分外道認為「我遍在」的概念，又曾介紹了「十二處」，這是為了瓦解部分外道認為「我獨立」的概念。

但是，聲聞思想家們將佛陀這些技巧性的教導誤以為真理，執著所謂「細微自相」的事物為真實，佛陀為了瓦解他們的誤解，故開示一切二元的事物都是心的投射，別無其他。

最後，佛陀為了瓦解瑜伽師們對「一切唯心」而產生、執著「個別自證真實存在」的誤解，故開示了「心性亦不可得」，《釋菩提心論》云：「為除我執故，佛說蘊界等，萬法唯心造，勝根者所斷。唯識宗義者，眾相由心生。何謂心之性？我說此要義：為斷愚夫怖，故佛說此等，一切皆唯心，然非如實言。遍計依他起，及圓成實等，唯一性是空；此性由心觀。大乘歡喜性，能仁作略說：法無我殊勝，心非俱生有……識乃唯名言，除名無有餘，名乃識所現，名亦無自性。內相或外相，或是內外間，諸佛不獲識，故此識如幻。形色與顯色，所執及能執，男女陰陽等，彼性非識性。總言諸勝者，離見不成見，無性之自性，如何能見取？」

譬如自心的本質，是「什麼都不是」、「什麼都不固化」、「無所為」、「無所見」、「無所隱」並超越是「皆是」或「皆非」，一切法的本質也是如此，毫無「一」與「異」可見與可言，這就是「法無我平等性」。

當我們看到自心本來無體性、無居所、不生、不滅，這個境界在世俗的言語上就稱之為「看到空性」。《釋菩提心論》云：「具大悲恆時，安住現證空。因常觀空性，殊勝事所依，平息諸幻相，摧毀輪迴基。」

那麼，行者應該如何禪修空性？保持在「毫無關注、停止執著」的這個狀態，就稱之為「禪修空性」。《釋菩提心論》云：「心離所緣境，安住虛空性，彼等空相觀，許為虛空觀。」

設問：「空性不是虛無論嗎？」「虛無論」或「實有論」是對「有主義者」來說才存在，心識的本質上並沒有這些，《釋菩提心論》云：「說諸法性空，非是屬斷無；若是墮於常，說有亦非理。」

所以，萬事萬物都是因緣聚合下，所表現出的虛偽幻象，故為「世俗」。但一切「世俗」的本質本來就是清淨的，這被稱為「勝義」，故「世俗」以外毫無真實常存的「勝義」可言，因為這兩者是不同心態與思維、針對一個對象所產生的不同形容而已。譬如對一個女性的幻影，不理解其為幻象者可能稱之為「美女」，理解者則會稱之為「女影」一般，雖然用詞有異，但所指涉的對象並無異可言。《釋菩提心論》云：「離於世俗諦，真諦不可得；說俗諦即空，唯空即俗諦。離一餘亦無，所作定無常。」

若是理解萬事萬物的實情就是「空性」並專心一意地維持在「空性」，此即「禪修空性」，這一階段會對不理解「萬法本空」的如幻眾生們產生自然不虛偽的悲心，自心不再攀著於任何事物、徹底放下，不再爭奪萬事萬物之所有，如看著水中同時出現的天人與阿修羅之倒影一般，以如此的心態看待輪迴與涅槃，因此不懼輪迴也不求涅槃，自然勤與利益眾生，直至虛空終結之時，這就是禪修空性的結果。

《釋菩提心論》云：「如是空性義，瑜伽者觀修，貪求利他心，決定生無疑……由修三界定，除苦故精進，靜慮樂失壞，瞋墮無間獄。殊勝尊聖道，讚此妙奇有，餘謬應捨棄，財富亦無奇。由知法性空，復能說業果，此為最甚奇，此乃極希有。具救眾生心，如同水蓮花，彼雖生於泥，卻不染眾穢。」《大乘莊嚴經論》亦云：「觀法如知幻，觀生如入苑，若成若不成，惑苦皆無怖，自嚴及自食，園地與戲喜，如是有四事，悲者非餘乘，極勤利眾生，大悲為性故，無間如樂處，豈怖諸有苦。」

所以，勝義菩提心具有「無垢之智慧」故「不住輪迴」，亦有「大悲心」故「不住二乘寂靜涅槃」，所以名為「無住涅槃」，《釋菩提心論》云：「生死與涅槃，智者皆不住，故此諸佛稱，為無住涅槃。」

因此，若沒有通達萬事萬物的本質之勝義菩提心，也就很難守護世俗菩提心，它會極易毀壞。但若理解勝義的本質，不論有沒有經過儀式受戒，都自然能夠促發無偽難忍的世俗菩提心與不可逆的大悲心，發下無量的大願，故每日多次發起這些心力，至為切要。

若認為，勝義菩提心並非初學菩薩的修行內容，因為它只存在於聖道以上，那六波羅蜜也是初地到第六地之間的修行內容，理應不是初學菩薩所修；「隨喜」屬於有漏修道、「發願」屬於第九地、「迴向」屬於修道，都不應是初學菩薩的修持內容。

我認為，譬如一個老實人想要好好照顧一畝甘蔗田和稻田，努力投入農務之中，但旁邊來了群嬉鬧的孩子們，對他的耕種方式指指點點、各持己見；當有人因為恐懼死亡，想活出有意義的人身，全心投入在修行正法之中，結果不少號稱學者的人，為了個人的追求，對修行者的方式指指點點、隨處糾正，但這些話語大多是嫉妒他人善行的言語，我們內心切勿受其所影響，而應努力修持自己的正道。

世俗如幻象，本來寂靜空，當串習通達，諸法若虛空。
常悲憫利益，不解有情眾，即勝義覺心。故應正承受，
俗真二覺心，是一切諸佛，事業歸一處。

上述完整介紹了菩提心的概要。

第二章

◇ 建言之我見

◇ ◇ 菩提心之利益

造惡之慣性卻強大而難以抹滅。所以，除了圓滿的菩提心，毫無可戰勝造惡慣性的善心了。

大部分的註解將此句與前句連繫在一起看待，另，拔盡罪惡是勝義菩提心的效用，但世俗願菩提心可以壓制罪惡，因為經論上提到，發菩提心後，就算有重大罪障也不會墮落惡趣。

覺者歷經無數劫的漫長沉思，確信菩提心的價值。
它是讓所有的生命能到達究竟之快樂，也就是覺者之位階的保證。

外道也認為自己的境界是究竟之快樂，故本論又說：「智者豈會害怕不騎在菩提心這匹駿馬上，從安樂奔向最樂？」可見，諸如佛陀過去身為慈力王時，雖然身受痛苦，但祂將他人的痛苦視為自己的痛苦，所以將承擔他人的痛苦視為快樂。

若想消除世間的任何苦難和其他生命的不安，並感到安寧快樂，則切莫放棄菩提心。

若人重視的是世間的快樂，也應發起菩提心，因為只要有菩提心，那就算享受數千萬劫的輪迴樂果，也絲毫不會減損這個樂因（菩提心）。

若人追求的是個人寂靜，並且想要快點解脫輪迴，也應發起菩提心，因為想解脫的心念屬於小乘發心，而若沒有得到菩提心就無法真的從輪迴中解脫。

若人想救護眾生，就更應該發菩提心，因為這是救護眾生的唯一正因。

身在生死牢獄中的任何人，一旦培育了真實的菩提心，此刻起，他就是覺者之子、他就是勇者，蒙受世間一切天神與社會大眾的恭敬。

一旦發起了願菩提心，從那一刻起行者的輪迴大海就縮小到有如牛跡一般，此人同時得到「佛子」之名，堪受梵天等神靈的頂禮，足以作為「菩薩」而受敬奉；恰如佛陀在毘奈耶中，向頻婆娑羅王解釋出家功德時，以國王的奴僕為例：若這個奴僕在佛陀坐下出家受戒後，不但不會在為國王洗腳並接受差遣，反而是國王要頂禮他、為他洗腳，這就是出家功德之一。

菩提心恰似點金石，能將此凡俗的生活，轉變成無價的覺者生活。

看似「水銀」的點金石所碰觸到的鐵塊，都會瞬間變成金子，不再變回鐵塊。《密嚴經》認為這裡說的是看似金子的水銀，但是這可能是翻譯上的筆誤，因為根據諸如《涅槃經》和《時輪密續》等的記載，這種精華是「表面為水銀，實質為真金」的物品，任何碰到它的鐵器、都會瞬間變成金子。

我們的導師以智慧觀察，確定了菩提心的珍貴；所以想要超越生死的人們，都應堅持菩提心。

佛陀在經典上舉出原因，鼓勵我們這些有如商賈的眾生們「購買菩提心摩尼寶」，恰似「自在王摩尼寶」是太陽覆蓋之天下的所有事物中，最為珍貴的存在；菩提心也是珍貴無比，遠勝聲聞與獨覺的善法。

一般的善行有如芭蕉，結一次果便會枯萎；但菩提心則像結果無盡的樹王，每結一次果都會更加強壯。

其他善行皆如水泡、幻象、芭蕉一般，最多只會結果一次便枯萎，菩提心則如尼拘律樹一般可以結果無盡。

犯下重罪的罪犯，只要依靠強大的勇士，就能不再恐懼，同理，菩提心也是渴求解脫、恐懼罪惡的人，所應依靠的勇士。

佛經記載，阿闍世王也是因為發菩提心，而得「柔順忍」。

菩提心就像末日大火一般，能瞬間燒毀一切重罪。

菩提心就有如能夠燒毀一切的末日大火一般，能夠燒毀一切「定」與「不定」的不善業，使其失去力量。

有些人認為，這與佛教所說「業果不失」豈不矛盾？但這並不矛盾，因為發菩提心的福德有如虛空一般廣大，惡業對其來說，就如同一升鹽丟入大海就會被稀釋掉了一般，會因為福德的強大而被壓制、失效；另外，「未感果前業不失」指的是「未受對治的惡業」，但菩提心是徹底根斷一切罪惡的大法，因為那是想拔除一切眾生之苦難、使其享受喜樂的心念，故自然有拔除一切惡業的能力。

本論的註解者與俄譯師們並沒有深究這個主題，但藏納巴則認為根本沒有「定業」的存在，因為真正的定業指的是力量強大、將於下一剎那生果的業，而這裡的重罪則都離其結果還有時間距離，故非「定業」。本論以「火」為喻，指的是菩提心能救護行者使之不受苦果與罪因的折磨。

所以，聖者彌勒曾告訴善財童子，菩提心的利益不可限量。

菩提心的利益無量，其粗略的內容則在〈入法界品〉中，由彌勒菩薩向善財童子介紹了兩百多個功德，歸納在自利功德、利他功德、斷障礙功德及造圓滿功德四類中，若將其以偈頌體整理則如下：

如種子及地水風，火月日與明目燈，
大道小徑與少年，宮殿精舍園林地，
父母乳母與國王，天帝海山環繞嶺，
雪山香原虛空蓮，象王聰馬轉輪王，

藥礦金剛寶香爐，雪白美花及檀香，
觀無厭足藥解脫，根息藥及吉祥甲，
劫火妙藥根新鮮，龍寶水瓶如意寶，
賢瓶滿願樹綢衣，棉花犁耙箭矢矛，
甲胄寶劍利刀尖，斧柄勇士標槍斧，
武器手足眼工匠，乾柴與刺親財經，
寶藏泉鏡白蓮花，江河龍王生主根，
甘露心口液香爐，毒藥咒風輪寶洲，
種姓源市集水界，蜂蜜瓶雨器磁石，
琉璃帝青破曉鼓，水瓶閻浮提金飾，
須彌救護供養具，長老因緣經牧人，
護法帝釋眼水繩，帝釋火與佛塔相，菩提心德難盡述。
諸佛菩薩一切德，皆依菩提心力生。
若人能發勝菩提，圓滿無量彼功德。
譬如大力無畏藥，持者不生五種畏。
如是具足菩提藥，境毒貪火不能侵，
分別煙霧不致命，煩惱利刃不能害，輪迴洪流不能漂。
如持唇藥味芬芳，能令諸蛇遠逃避。
菩提心藥復如是，煩惱毒蛇悉逃遁。
如持不敗藥勝敵，持難得心菩提士，魔眾外道皆降伏。
拔除眾苦清淨藥，如妙藥除煩惱病，
藥樹樹皮能療傷，樹皮復生菩提心，造遍智藥療業惑。
無根樹遍閻浮提，菩提心令眾善增。
如得喜樂珍稀藥，持者身心諸病消。
最勝藥能獲正念，持菩提者獲淨念。

如食大蓮花妙藥，能得壽命達一劫。
若食菩提心妙藥，無量劫壽皆自在。
如持隱身藥隱形，眾生不能見其身。
菩提心者雖共處，魔境眾生不能見。
如大海中聚珠寶，縱遇劫火熾燃燒，
僅能乾涸一多羅，難令海水盡乾涸。
菩提心寶勝無上，安於弟子心海中，
善業大海眾難奪，永不窮盡不失壞。
寶珠放光能映蔽，種種下劣珍寶飾。
如水晶能淨濁水，持此晶者不輪迴。
若持龍寶之鎧甲，能勝一切蛇毒害。
若持發心寶勇士，三界遊行不迷失。
如意寶王能滿願，火珠能依智慧光，剎那即發智慧火。
月光亮麗青光明，觸之能生善願流。
大悲珍寶菩提心，頂上明現佩戴者，
菩薩龍王無怖畏，不順處所諸多患。
菩提心寶珍無比，眾生莊嚴最勝寶，
能滿一切眾生願，永不衰敗永不朽。
寶珠能除一切暗，帝青能使色一致，
琉璃能放無垢光，菩提淨光勝一切。
烈火能除一切暗，勝過小乘羈絆珠。
若天帝釋日月形，雖處輪迴現佛剎。
一切受用總為價，不足菩提心寶珍。
天人二乘諸善根，不及菩薩菩提心。
如莊嚴海遍智水，一切莊嚴悉顯現。

無上如意寶殊勝，閻浮提金不能及。

菩提心寶龍王就，諸煩惱蛇眾自在。

菩薩不退持心刀，煩惱怨敵不能侵。

無上心寶天物香，一念淨信功德香，

遍滿法界二乘人，世間善業皆映蔽。

冰片旃檀除熱惱，煩惱熱惱智清涼。

菩薩須彌山王者，悉皆轉成遍智金。

樹王無人能侵害，樹皮芳香飄十方，閻浮提無此香氣。

如是菩提心所生，願智功德美妙香，

聲聞緣覺眾功德，皆無如是妙香氣。

樹王開花結果時，眾多花果從中生。

如是勝菩提心樹，善業悉從中開敷。

有漏無漏一切德，菩提花果從中生，

瑜伽花香薰染衣，或以麻油塗其香，他處無有如是香。

菩薩一發菩提心，功德香氣妙芬芳，

遍滿十方諸佛剎，百千劫中諸學者，亦無如是功德香。

大海無害生蓮花，多羅樹王根果實，皆為眾生最良藥。

慈悲願力生菩薩，菩提心復如是生，

從初發心至成佛，普為眾生依怙主。

黃金所成水銀相，能使諸鐵成黃金，鐵不能染成劣質。

菩提迴向善業味，能拔諸業惑鐵根，

彼不為業惑所壞，永不為染污退失。

火雖微小隨緣長，如是增長無窮盡。

福智薪柴增長時，智慧光明放光芒。

菩提心燈一盞生，三世諸佛眾燈燭，

顯明增長菩提心，永不窮盡無邊際。

菩提心燈雖微小，能破無始業惑暗。

願力燈芯大悲油，是無上菩提心燈，恆時熾燃永不窮。

最勝天金閻浮飾，不退菩薩轉輪王，

頂上所佩非凡愚，二乘世德所能奪。

一切智心師吼聲，令住緣獸眾驚懼。

初心菩薩師子眷，初生即令眾歡喜。

空性獅子筋所成，菩提心妙琵琶音，

能奪三有絃樂美，二乘言說音絕跡。

煩惱牛水牛乳海，遍智心之師子乳，

一滴能令彼乾涸，二乘劣解脫不容。

菩薩迦陵頻伽稚，安住三有蛋殼中，

殊勝意樂獅吼聲，能勝二乘成熟鳥。

如來金翅鳥王性，初發心者初生時，

大悲翅風勝淨目，一切二乘多鳥類，羽翼豐滿不能及。

大力如箭短小刃，能穿過失甲無餘。

威猛憤怒極可畏，大悲憤怒殊勝意，

發心略有少分時，魔軍眾生無能勝。

善射之人脇箭矢，雖未熟練能降伏，他人力量智威德。

初習拉弓射箭時，步法先須得熟練。

欲得一切智位人，應先修習勝意樂。

幻師真言成就故，能示幻術諸變化。

發心願力若成就，普能示現佛神變。

幻師真言雖無形，信解力能現幻相。

一切智心雖無相，串習得法界自在。

貓見老鼠多眷屬，驚恐逃散為譬喻。

殊勝意樂習微小，業及煩惱皆驚散。

閻浮提飾莊嚴力，能勝其餘莊嚴物。

菩提心之妙莊嚴，能勝二乘功德飾。

磁鐵能摧堅硬索，菩提心能摧見索，無明愛索咸毀壞。

凡諸磁鐵所在處，一切劣鐵不得安。

業惑二乘多解脫，一切皆遠離驚散。

若食水生油脂者，常處水中無能害。

若食少分菩提心，業惑諸多不能驚。

二乘下劣解脫鯨，亦不能作損害事。

若飲菩提心甘露，永離一切劣怖畏。

盜賊成就不見形，諸魔不見常安樂。

依止勝法國王者，永離一切怖畏力。

大悲潤澤劣火燒，發心難得勇士依，是人不畏惡怨敵。

如持帝釋金剛杵，摧毀天魔阿修羅。

如飲甘露美味人，不死不老無衰敗。

如藥和合先入水，菩薩萬行菩提心。

如人諸根命根主，佛法主依菩提心。

命根斷絕不能活，離菩提心難成佛。

大海不為毒害染，有寂念不染菩提。

菩提殊勝日光德，映蔽無漏下劣處。

王子少年種姓力，大臣眷屬悉降伏。

初業菩薩小佛子，大悲力勝諸二乘。

大臣雖極尊貴一，仍需頂禮少王子，

彼亦如理敬禮拜，二乘菩薩相恭敬。

具足一切智心相，菩薩雖具多業惑，不與聲聞至尊齊。
菩提心寶極清淨，眾生濁眼覆遮蔽，猶如外有皮遮蔽。
一切藥物和合相，見聞親近治百病。
方便智慧萬善根，菩薩眾生最良藥。
菩提心衣美妙綢，不為煩惱泥垢染。
菩提頂上心堅固，彼於一切菩薩行，
具足威力願智慧，圓滿成就不退轉。
菩提心釘若不應，菩提分品造機關，不能圓滿一切益。
大象名非白旃檀，薰香能令軍空行。
如是菩提心香薰，一切善根趣佛果。
菩提心金剛珍寶，不出下劣珍寶礦。
大悲金剛生源處，緣佛金礦得出生。
樹王根本不可見，一切樹木得增長。
一切智善根難見，然能生菩薩功德，普遍世間一切處。
譬如金剛最珍貴，劣質器皿不能盛，
能破一切毀諸山，斷裂亦勝黃金嚴，
碎為塵粉能除貧，細微能勝多珍寶，
少福不能得其手，智慧淺薄不能解，
堅固不化難摧毀，大力凡夫不能舉，
無堅不摧不能破，除金剛座無能容，
金剛地基堅不動，不滲不破水難毀，
不潰不爛火不燒，佛降生處菩提場，
不能捨棄金剛座，依諸喻次第得知。
菩提心金剛寶珠，信解微劣破戒貪，
惡劣眾生不能持，殊勝意樂堅能持，

通達一切法究竟，摧毀一切邪見山，
雖退仍勝二乘人，縱無精進生有中，
能遣除一切貧乏，縱有極小所緣境，
能斷一切無明癡，少善天人所難得，
少智不知其殊勝，功德差別不能解，
外緣不能令融化，菩薩最勝威猛力，
聲聞緣覺所難及，他人智慧所擊處，無礙通達普能忍。
菩薩發願金剛珠，菩提心能善執持，
迴向金剛堅固基，一切善根永不失，
殊勝意樂金剛依，廣大願地不低劣，
業惑之水難沖蝕，痛苦烈火不能燒。
無上菩提眾修行，一切智智心堅固，
願智相應金剛固，中心堅固不可動，其餘心智不能持。
明顯發一切智心，種種功德皆嚴飾，
若人能發甘露心，獲得如是大功德。

◇ ◇ 菩提心的分類

概言之，菩提心分為兩類：行菩提心和願菩提心。

菩提心概要分類為願菩提心與行菩提心。

智者應知：願菩提心如「計畫旅行」，行菩提心則如「動身旅行」。

願菩提心與行菩提心分別指的是什麼呢？若有人想得到菩提但

是尚未付諸努力，就像是有人計劃去某地卻沒有付諸行動，這就是願菩提心；當此人想要付諸行動，並受菩薩戒後，其內心的菩提心就變成行菩提心。

部分廣釋提到，從願望所產生，且沒有諸如「佈施」等付諸行動的菩提心，就是「願菩提心」，如行者最初所產生：「願為了救度一切眾生而成佛！」的單純心念就是願菩提心；行菩提心的「行」指的也是「心」本身，它本身就是一種行動，即在願菩提心發生，並領受了菩薩戒後，願付諸行動累積資糧的「心」，就是行菩提心。

本論依序提到這兩種菩提心，是因為菩提心只會分成這兩種，而這兩者都是菩提心；這也就排除了關於「前者非菩提心」的疑慮，因為眾所週知，諸如《首楞嚴三昧經》提到猛烈發心是成佛之因，及〈入法界品〉說菩提心極為稀有，主要指的都是行菩提心。

所以，恰如一個人要去旅遊，這個「計畫」就是「想去」，而不是「行動」，而為了前往該處的行動就是「行」；然而，就算願菩提心本身並不包含行動，但仍然是成佛的正因，它比其他善業更廣大、持久與效果驚人，恰如壞掉的鑽石也比金子珍貴一般。

佛陀曾告訴頻婆娑羅王，不論過怎樣的生活，都千萬不要忘記渴求菩提之心，隨時隨喜一切善法，並將之供養給三寶，將善業都共享給一切眾生、走向菩提；如此，國王就不會失職於王位，也能圓滿菩提正道，反而會因為這分菩提心之異熟功德，就算歷任人天共主無數次，也不會耗費其少分之功德。所以，切勿誹謗單純願望型態的菩提心，因為它也能產生無邊的輪迴安樂。

有些人認為，佛陀對大王所說的並非「無行動」的菩提心，因為大乘重視的行動就是心念本身，不論在身體或言語層面造任何善業，都需要有菩提心、隨喜心、佈施心、迴向利他心的輔助。這種說法的確如此，不過佛陀告訴大王的，是指大王雖然無法修學所有菩薩的學處，但光是學習願菩提心、就歸納了一切菩薩學處，恰如佛陀曾將二百五十三門比丘戒歸納在三門性罪。

《佛母寶德藏般若波羅蜜經》云：「色聲香味觸五欲，及彼緣覺聲聞等，如是之法悉遠離，等引不離菩提心。」可見，只要不離菩提心，就是清淨的菩薩行。

所以，願菩提心指的，是對成佛產生強烈的渴望，並尚未在三門上投入努力修行的狀態，部分註解強調，關注於「行動」的心態，雖然可能存在於「已付諸行動」與「未付諸行動」兩者，但這兩種情境中的「計畫心態」是有異的；同理，願菩提心共存於凡夫與聖者之心中，但這兩者的願菩提心有異。

◇ ◇ 菩提心的利益

願菩提心雖然能在生活中，帶來廣泛的影響；但它不如行菩提心，能自然地增長福德。

這裡談的就是願菩提心與行菩提心的差異。

一旦為了救度一切生命，而立志永不放棄於付諸行動，追求覺悟。此刻起，此人不論是在睡眠還是玩樂，福德都會自然增長，充滿虛空。

這段時期，是從發起菩提心，一路到「親見法界真修六度」為止，這些福德都會如水流一般，無時不在持續增長。

另外，諸如海雲論師等學者在解釋《瑜伽師地論》的戒律段落時，認為所謂「未受菩薩戒前的願菩提心是願，受菩薩戒後的是行」的說法有誤，或是別有密意，因為他們認為凡夫不會有行菩提心；但是這種說法並不正確，因為前述的如王根本墮、如臣根本墮等行菩提心的學處，絕對是針對凡夫而說。另外，根據他們的說法，則行菩提心與勝義菩提心將沒有差別。

所以，願菩提心與行菩提心，主要指的都是凡夫的階段所有的菩提心，而這裡的「一旦」，是從一個行者為了救度一切生命、承諾自己要模仿三世一切菩薩來學習菩薩學處，並有此穩定的「修行計畫」開始，也就是發起行菩提心，從此以後，不論這位菩薩是睡著、昏厥、放空等任何無意識或不清醒的時候，都能不間斷地增長量等虛空的福德，其他專心修行時的福德就更不用說了。

上述的利益，是覺者在回答妙臂聖者時所說，因此應理。

《大寶積經》的〈善臂菩薩會〉中，佛陀親自談到：「如是菩薩發菩提心、念菩提心、修菩提心、悕望菩提、願求菩提，是名菩薩無量阿僧祇大施、大捨、大出。何以故？如是佈施於諸施中最勝第一。」這是諸大註解家的共識。

僅僅想要治癒某個人的頭痛，這分利他的念頭就能產生無窮的正面影響；何況是為了根治一切眾生的無限苦難，為他們謀取無限利益呢？

諸如看到忤逆不敬的情境時，發自內心希望受苦者能夠不再受苦、願意為其代受痛度這分心念，都能讓人得到無量的福德，更何況是計畫徹底消除一切眾生之苦痛、施予所有利樂的念頭？

菩提心，是我們的父、母、仙人、天神和梵天都不具備的：他們連在夢中，都不曾想要為了自己而覺悟，何況是為了利益其他生命而覺悟？可見，菩提心是何等珍貴！菩提心是一切生命的安樂之因，是消除苦難的美妙甘霖，福德何堪計量？僅僅想要利益其他生命，福德就遠勝供養覺者，何況實際付諸行動？

光是禪修無量心，就能福德無比，更何況是搭配利他的行動？〈勤授長者會〉云：「假使布珍寶，供養於諸佛，有能一合掌，迴向菩提心，其福過於彼，邊際不可得。」

一切生靈都想要消除苦難，奈何苦難不減反增；愚人都想要得到安樂，奈何卻將安樂如仇敵般消滅。有何等善行、何等親

友、何等福德，能勝過為乏樂多苦的生靈創造安樂、消除苦難並療癒煩惱？

設問：眾生理應對自己能夠判斷何謂對自己最好的「利、害、得、失」，其他人又能為他們做什麼？

事實上，眾生無法分辨苦與樂，因此誤將苦因以為為樂，譬如為了避免貧窮而偷竊等，造下無量顛倒的行為，自然因此蒙受苦果，若我們能給予其安樂、摧毀其苦痛並消滅其愚念，那就是最大的意義跟善法了！這樣的善友是絕無僅有的。

如果連報恩都值得稱歎，何況自動自發的利他呢？如果偶爾分享點食物給窮困者，為其帶來一餐的溫飽，就足以稱為善人。

凡人對一般人（福田一般）僅僅佈施一次或短暫數次（次數極少）的飲食（物品一般），哪怕佈施時也是不停批評對方、自以為是且帶著輕侮的態度（行為低劣），這份佈施對對方的利益最多也只有半天（利益普通），這也能受人敬為「善人」，那更何況是所作所為與此相反的菩薩呢？

何況永遠在向一切生命，分享覺者之無上安樂，並滿足他們的願望呢？

菩薩的行動則在前述的五個面向上都更為卓越，其善業自然不可思議，《那羅延所問經》云：「有來乞丐，須手以手。」

◇◇菩提心是最好的福田

覺者曾說，若有人對如此好施的勇者產生惡心，惡心產生幾次，此人就會墮落在地獄中幾劫；反之，若對此勇者產生信心，福果則更為廣大。

因此覺者之子們，不論遭遇到什麼困難，都只會增長福德，而不會產生絲毫的罪惡。

因此，我禮讚所有培育了菩提心的勇者們。最終，我歸敬能導引人以德報怨的菩提心。

所謂：「文殊！若有男子、女人，毀燒恆河沙數佛塔，設有異男子、異女人於信解大乘菩薩摩訶薩生傷害心、生忿怒心、生危害心，乃至八數，其造罪業超勝於前不思議數。何以故？菩薩能生佛故，佛能生塔、乃至一切恭敬所有天人受用，是故邪對菩薩即邪對佛。」又謂：「文殊！若於菩薩摩訶薩生忿怒心、生誹謗心，所有剎那將往地獄長達等數多劫，是所甲冑。」

設問：若人對如來產生惡心、使其出血，其所成熟的業果都沒有那麼嚴重；但是如來明明是世間中最為神聖者，這不是矛盾嗎？沒有任何人能真的對如來產生惡心，因為如來達無量劫對一切眾生禪修慈心，故其肉身不能受到利器所傷，其肉身也並非業異熟果，佛身遠離異熟果故；最後，論者也應分清了義和不了義，所謂「佛身出血」不過是不了義的說法。另，所謂：「若傷菩薩有如摧毀佛果根本，亦為摧毀天人世間利益。」

同理，若對菩薩心生信心，其福德自然更為殊勝，所謂：「文殊，審慎是意：設若十方世界一切眾生失其眼目，審慎是意：若復有慈心男子、女人普令眾生得眼目，若有異男子、異女人觀察信解大乘菩薩，福德勝前。」

針對論文提到「不論遭遇到什麼困難，都只會增長福德，而不會產生絲毫的罪惡。」這個主題，有兩種說法：

首先，部分廣釋與昆布提遮那論師都認為，菩薩的一切三門行動都非常澄淨，所以無人能對他們產生傷害之心，恰如佛經記載文殊師利本行時，提到無人能對頂戴眾寶之王摩尼寶冠的龍王們造成傷害；同理，菩薩們頂戴菩提心與大悲心王的如意摩尼珠寶冠，故惡道的恐懼無以為害。所以，眾生們對菩薩又怎麼會造作惡口、增長惡果？眾生們自然會對菩薩生澄淨歡喜之心。

但我認為，這種說法並不圓滿，因為經典中所說「惡道的恐懼無以為害」指的應該是菩薩不會生於「難地」，這裡應該引用的是他人無法對菩薩造成傷害的經證才是；或可理解為，若人見到慈悲的菩薩，大多會平息憤怒、心生歡喜，故少有人能對菩薩生起為害之心。

設問：那麼，為什麼本師過去作為菩薩時，提婆達多會一直刁難他？

這是因為，本師過去作為寶海梵志時，提婆達多就發願要在本師修六波羅蜜時，提出沒有其他人會提出的請求，讓本師得以快速圓滿該波羅蜜的修行；當時在場許多眷屬也發下了如此的願望，否則連怒目看著菩薩的惡果都是不可思議的，他們如果真的是造惡傷害菩薩，又怎麼可能這麼多世都與菩薩親近？另外，大象能承擔的重量，驢子往往不能承擔，故對一位菩薩也只有另一位菩薩能夠造成傷害，凡夫則無法。

然而，這也不會導致為害的菩薩因此受傷，佛經上舉例說明，譬如鑽石無法互相碰撞粉碎，菩薩們也無法互相造成真正的傷害。

其次，諸如善天論師等學者則解釋為，若有人企圖傷害菩薩，這些行動對菩薩也不會構成傷害，因為所謂的「利」、「害」不過是假名安立，體性上一無所有，菩薩們徹見萬法本性實無所有，更不會將「受利者」或「受害者」視為自己，反而視萬法因緣緣起有如世人的幻象表演，平等看待一切事物都相等的本質和真實際，故「利」、「害」對他們來說，就像是成人看著沙堡一般：沙堡對孩子來說，有「蓋好了」跟「壞掉了」的差異，但對成人來說則沒有這些差別，不過是玩具。

雖然如此，但若有人對菩薩生忿怒心、百般危害，菩薩不但不會視為傷害、心生怨恨，反而會因此而增長善根，能夠強化其不差別對待自他的智慧、對一切法平等性的理解、對不了解萬法平等之眾生的慈悲，更產生：「我要引導不理解萬物本質、暫時處於迷惑之眾生。」的勇氣，故願意承擔消除一切眾生過失的責任。

這樣的菩提心、能夠對治一切過失，因為一切過失對他來說，就如同柴薪入火一般，成為增長菩提心的誘因，我個人認為這種說法非常應理。

要言之，第一種說法針對「不論遭遇到什麼困難」等的理解，是他人很難對菩薩產生為害之心，更遑論對其造罪；大多人會看到菩薩是殊勝的存在，因此恭敬待之、增長福德。第二種說法則認為，一般人雖然會將困難誤以為是他人的傷害，因此身心受創，但菩薩內心不但不受其影響，還能利用將此挑戰轉化為增長無邊善心的助力。

總之，作者在這裡再次提到，他認識到了單單「菩提心」就能帶來的無邊利益，故對不理解菩提心的人深感驚奇，因此頂禮所有心生菩提心的菩薩與佛陀。另外，傷害菩薩之人，反而會因為這份傷害而成為受到菩薩渡化之因，因此與究竟的喜樂結緣。

所以，不論與菩提心結下順緣還是逆緣，都懷有巨大的意義，因此菩提心是一切利樂之泉源，這股欣喜之情讓作者在本論的最後再次禮讚菩提心。

部分廣釋在這裡引用了五夜叉和慈力王的本生故事，說明就算有人百般傷害菩薩，菩薩也會從中找到些許因緣，使為害者對其心生信心，故而與涅槃喜樂結緣。另外，又如本論的願文所說，任何與菩薩結緣之人，都能因此與究竟的喜樂結緣。

設問：若人對菩薩生起惡心，會因此引生地獄，但傷害菩薩卻與涅槃結緣，豈不矛盾？

善天論師等學者認為，這指的是不同階段：惡心者會因為「惡心」而先體驗到苦異熟果，之後則會因為「結緣」而得解脫。

其他註解則認為，惡心之異熟果會後於下輩子發生，但是與菩薩結緣的喜樂會於此生就有效，因為菩薩是即刻就會以德報怨的聖者。

或有些人認為，惡心者雖然暫時會體驗到苦異熟果，但終究會因為菩薩的慈悲與願力而得救贖，可見於忍辱仙人本生故事中。

另外，雖然有些人認為：「若以惡心傷害菩薩會感苦果，但如慈力王本生中的夜叉們，不以惡心但傷害了菩薩則會結下善緣。」但這種說法不合理，因為五夜叉向慈力王汲取血肉時並非沒有惡心：他們是在得知該國國民都威光赫赫、無法受他們影響，進而知道那是因為該國國君慈力王的德行導致，對慈力王心生怨懟；在得知慈力王喜歡佈施後，心想自己有機可趁來傷害慈力王，才去向慈力王求取血肉的。他們更知道慈力王會每天佈施血肉，哪怕因此致死，但仍然心生嫉妒和無盡的貪婪而去。

另外，所謂「沒有惡心的傷害」也很難成立，因為「惡心」的定義就是「想要傷害」，若沒有這種念頭作為動機，又怎麼會付諸行動去傷害對方？因為「利」與「害」並非從行動來分別，而是以動機來分別。若內心想殺害對方，那就算贈送食物和衣服也是

「傷害」；反之，若想要療癒對方，就算用火炬或鐵棒敲打對方也是利益。當然，動機上的利害與實際效果，又是兩件事情了。

另外，若從大乘獨有的視角來看待忍辱仙人本生的故事，那歌利王是因為過去發願要來輔助忍辱仙人修菩薩行的助伴，雖然暫時看起來像是墮落了惡道，但這並非實情，因為他是在輔助菩薩修行六度波羅蜜，反而會因此增長善根，故不可能因此墮落惡道。

另外，「惡心者來生受苦、現在受樂，故與涅槃結緣。」的這種說法是非常荒謬的，那為何不乾脆搶奪有錢人的財富，一樣也是來生受苦現在受樂啊？

我個人認為，善天論師等人的說法也舉證有誤：因為這裡的菩薩、佛子，指的是身為人、天的菩薩，而他們正是「傷害者」可能造成最嚴重惡果的對象，故這種惡心是極為嚴重的。

我認為，既然傷害菩薩之人，若不受該菩薩的救拔，就難以出離惡趣，但如所謂：「從哪裡跌倒就從哪裡站起。」所說一般，菩薩一定會救拔那位為害者。因為，菩薩既然承諾要救護一切眾生，那因為與他結緣而墮落眾生的惡趣、豈有不救拔的道理？就算菩薩當下沒有救拔對方的能力，也會盡力將一切善根、一切修行，都努力投入在救拔對方出離惡趣，故對方依憑菩薩的救贖，能夠快速離開惡趣，與涅槃結緣，這種解讀才是在理。

上述是針對《建言錄》第一章的註解

根據部分註解的主張，建言錄本體中，第二章與第一章的關係，是作者在介紹菩提心的利益後，讓讀者與聽聞者心生踴躍，再進入陀羅尼的儀式；另有說法則認為，譬如洗淨了一塊布才能上色，若要掌握菩提心的妙色，必須先淨化罪障，故先行七支供養與皈依。

我們凡夫從無始以來，就是流轉在「不做該做的」、「做不該做的」、「流失已做的好事」三種罪障中，具體來說：

首先，不做該做的：我們不恭敬殊勝的對境、貪戀財物而不佈施、執著邪見而不追求真確的皈依，這三種謬誤的對治方式依序是「禮拜」、「供養」和「皈依」。

其次，做不該做的：自造不善及障礙他人造善，前者的對治方式是懺悔，後者的對治方式是「隨喜」、「請轉法輪」和「請佛住世」三者。

第三，造善而流失的對治則是「迴向菩提」。

部分註解提到，凡夫無始以來的業障有四種：

一、自造不善，其對治為懺悔。

二、障他造善，其對治為隨喜。

三、捨棄正法，其對治為請轉法輪與請佛住世。

四、希求邪果，其對治為迴向。

又有所謂：「獻（一）供身（二）懺罪（三），浴（四）拭（五）衣（六）嚴（七）塗（八），花（九）列（十）及花鬘（十一），香（十二）食（十三）燈（十四）曼達（十五），宮殿（十六）傘（十七）樂音（十八），願力大供養，無上供（十九）讚（二十）願（廿一），禮（廿二）皈依（廿三）懺悔（廿四），隨喜（廿五）勸轉（廿六）願（廿七）。」共二十七種淨化自心的步驟。

◇◇培育菩提心的方法

◇◇◇供養、禮拜與讚嘆

我供養覺者、覺者所說的正法，以及如海的覺者之子，亦即聖者，以期立志覺悟。

論文中沒有提到「立志覺悟」者為誰，但註解大多認為是「自己」，而所供養的則是供品，對象則是擁有如海功德的三寶。雖然諸佛菩薩不一定現在當前，但是觀想自己供養一切諸佛、這與諸佛有沒有實際到場並無差異，《大乘莊嚴經論》云：「現前不現前，衣服飲食等，深起善淨心，為滿於二聚。」

我憶起大自然的一切美好，包括：鮮花珍果，草藥礦產，清涼泉水，高山峻嶺，幽靜樹林，鮮花怒放裝飾層層而果實盛開、枝枒觸地的果樹和香木，自然稻種，以及蓮花盛開、天鵝飛舞的湖泊與池水。

我將此世界的的一切自然美景、充滿虛空的所有無主之物，觀

想全然供養給覺者釋迦牟尼和一切覺者之子；希望這些福田，憫納我的如上供養。福德單薄如我的窮子，沒有其他堪供養的事物，所以，希望慈悲的怙主，為了讓我蒙福而憫納。

部分註解認為，每一段落都要強調其數量「充滿虛空」，而「自然稻」指的是不經耕種自然生長的稻田。

設問：行者為什麼要以無主之物供養？

這是因為我們是「福德單薄如我的窮子」。

我將自己的身心，全然奉獻給覺者與覺者之子，請你們憫納我，作為你們的奴僕。

若受你們的支持，我方能毫無退卻地利益一切生靈，從此悔過，清淨身心，立志不再造罪。

這段文句是主張，自己僅有的唯有此身，將其全然供養給三寶，代表自己將依循三寶的教導生活；以上供養的都是物質。

我想像自己準備了一間澡堂，地上鋪著水晶，柱上鑲有寶石，梁上掛著閃亮的珍珠纓絡。

我想像自己用許多寶瓶盛滿香水，吟歌奏樂地為覺者和聖者沐浴；浴後，我再用芬香的浴巾來擦拭他們的聖體，並奉上華

麗、芳香的袈裟。我再想像自己用種種細柔的衣服和種種亮麗的飾品，來裝飾普賢、文殊和觀世音等聖者。

我再想像自己用香氣四溢整個宇宙的香泥，塗飾在覺者與聖者的身上，讓他們的聖體散發出金色的光芒。我向覺者與聖者們，獻上紅蓮花、曼陀羅花和青蓮花等許多種類的花串。

我也焚燒香氣四溢的香木，它們形成了香雲，再向覺者與聖者們獻上色香味俱全的飲食。

我想像自己將將金蓮花與寶燈排列整齊，用香水噴灑大地，並用花瓣灑滿其上；再將裝飾著閃亮的掛珠，內部充滿讚歌的樓閣，供養給大愛的導師們。

我展開傘邊裝飾種種美飾的莊嚴之金柄寶傘，以供養覺者們。最重要的，我希望能唱出悅耳的讚歌，平息眾生的痛苦，並創造安樂之雲。希望這些安樂之雲，能降下種種的寶物，灑在一切聖典、聖塔和聖像前。

這段的前兩頌半是「浴佛」，再一頌半是「供養衣飾」、再一頌半是「塗香」、再一頌是「供花」、再一頌是「供香」、再兩頌是「供食」、再半頌是「供燈」、再一頌半是「供屋」、再一頌是「供傘」等儀仗用品、再一頌是「奏樂唱歌」、再一頌是發願恆常祝福供養一切三寶所依，共有十一頌。

「地上鋪著水晶」意指大地透亮有如水晶、能夠反射影像，擦拭之後光芒燦爛；供衣的部分，是先以半頌獻上袈裟、再以一頌獻上衣飾，因為前者是供養放棄裝飾的梵行化身相聖者，後者是供養一切居士菩薩，因為向佛的勝化身供養報身裝飾並不合理。

部分註解強調，「香氣四溢整個宇宙的香泥」指的是色究竟天的蛇心旃檀，整個宇宙，所對應的是毗曇學所說的十億個四洲世界構成的「三千大千世界」；「金色的光芒」的紫金色是內外純淨的；「塗飾」則是以各種擦拭寶石的布匹及各種自然石料來拋光打磨，使其放出金色的光芒；但稱之為「金色」只是為了符合世間人的用詞，因為佛身的莊嚴是「純金」都遠遠不及的。

「香雲」是層層雲團，或是上升的雲團；「金蓮花」是蓮花形狀的金台；「油燈」則是由各種植物油與穀物油加在一起點成的油燈，有些燈台上放的則是能夠自然放光照亮一百由旬範圍的除闇摩尼寶珠。一般的油燈會燒傷到撲火的昆蟲或是蛇類的眼睛，但寶燈不但不會有害，還有利於一切餓鬼與畜生的視力。

「用香水噴灑大地」等兩句則是描述樓閣的地基，更是常見的「曼達」的簡要供養方式。「樓閣」是以各種寶物所構成，涵蓋直徑十萬由旬的空間，層次極多，高到觸及天上的雲朵，裡面充滿了唱歌奏樂的天子、天女及人間的少男和少女。

「寶傘」象徵與涵蓋的，是帶有寶珠把手的拂塵、獅子撐起的寶座與臥具等等，設計優雅、觀之無厭，讚歌與音樂，則是由六十四種技藝中，歸納而出的十八種樂器表演：
舞大鼓小鼓，大鑼雙面鑼，獨三弦琵琶，多弦鐵鈴鐺，
竹鈴鐺手板，木魚印度琴，悅耳鈴美音，嗩吶琵琶笛，
圓鼓共十八。

歌曲的韻律則有七種：
中和仙持地，六合五合明，眷屬共七種。

部分註解也提到，「持地」等七種音韻分類則有無量無邊。

「聖典」指的是記載正法寶的載體，包括書卷、乃至一張微風就能吹拂的紙；「聖塔」則是乘載舍利的聖物。一般來說，與聖者直接有關的聖物有兩種，一種是有形象、有手有臉的「聖像」，一種是沒有形象、只有結構的「聖塔」，不論這些聖物的材質、精細和尺寸，就算是一小球的體量，其上都會降下供養大雨。

總之，我依循聖者文殊過去供養一切覺者的方式，來供養覺者與覺者之子們。

我們既無法完全掌握供養和取悅一切聖者的方式，但聖者們具有盡知一切的智慧，所以我們將模仿一切諸佛過去作為菩薩時的供養方方式，來觀想供養；這樣的供養方式自然會得到佛陀十力圓滿的清淨心智力量所加持，因此勝過凡夫有染之心的種種供養，故為「無上供養」。

另外，無上供養還分成「有緣無上供養」，此即觀修菩提心。所謂：「智者修發心，供養佛菩薩，此即最真實。」第二種的「無緣無上供養」即是忍修無我，這也是最為殊勝的無上供養。〈善住意天子會〉云：「復於恒沙諸劫中，供養諸佛天人上，奉獻香花及眾具，為求菩提離世間，得聞如是甚深法，無有眾生及命人，當知彼得明淨忍，是為供養十方佛。」《大師子吼經》則云：「無想無相是為供養如來，無取捨、入無二，是為供養如來。諸友！真如來身名無有相，作相供養非無上供。」

上述的供養方式，根據的是《三三昧耶續》中，觀想平原出現寶山等無主之物以為供養，及《寶雲經》和《華嚴經》的記載來實踐。

我要唱出海潮音，讚歎覺者所具備的如海大德；希望這些讚歌化成祥雲，聚集到他們面前。

具足如海大德的就是三寶，我們自己則是讚頌者——可以觀想自己得到加持，因此化身為恆河沙數的身體、每個身體的有無量首、每一首有無量舌、一舌讚嘆諸佛十萬功德，如此在一剎那中，唱出海數樂音讚嘆諸佛。這個場景有如《華嚴經》所說，大地充滿花瓣裝飾知識界的自在轉輪聖王，其侍女們的讚嘆方式。

一般來說，在理解聖者的殊勝功德後所說出的讚嘆，其福德更是無量無邊。《賢劫經》記載無量精進如來在介紹了判定萬事萬物之本質的禪定境界後，德華王的一千王子和一千王妃共同讚言：「雖不能行，當求開解，唯口誓願，心思本行，當勸斯定。」

其福德因此不可思議。另外，據說過去當弗沙如來處於火盡三昧時，釋迦菩薩單腿站立轉繞如來七日七夜，唱無量偈頌讚嘆弗沙如來，因此圓滿九劫資糧。

讚嘆之音，則是觀想在一切三寶前不斷地發出，譬如善財童子頂禮彌勒時口誦：「普運其心，普見一切，普申敬禮。」故彌勒回答：「在於一切如來前、一切菩薩前、一切善知識前、一切如來塔廟前……皆如上說，尊重禮讚。」更提到善財童子雖然身在彌勒面前，但其實他一直站在遠在他處的文殊菩薩面前，不曾離開，實在不可思議。

我希望自己出現微塵數世界的化身，匍匐在過去、現在和未來的一切覺者，正法與聖者前。我頂禮菩提心的基礎與一切聖塔、和尚、阿闍梨和禁戒者。

「微塵數」是觀想自己的身體變出如微塵一樣多的數量，「世界」則是包括娑婆、華嚴等等的各種世界；這裡的「微塵」是「極微塵」，如《俱舍論》云：「極微微金水，兔羊牛隙塵，蟣虱麥指節，後後增七倍。」每一個後者的七分之一，才是前者的尺寸，依此類推。所以，行者要觀想一個世界有多少上述的「極微塵」，自己化現出的身體與其數量相等。

這些身體所頂禮的對象，就是時間、空間都無盡的一切三寶，要想像自己每頂禮一拜，也就都是同時頂禮一切三寶；這種「普禮一切」的效力，主要來自心智層面的力量，因為發自內心的虔信跪拜才是真正的「頂禮」，而「心」並沒有前後、左右、東西等等的二元對立，行者能夠同時深信一切三寶，故能普禮一切。

設問：過去諸佛不是已經消失了嗎？

其實，諸佛早已超越了涅槃與生死，不過是在弟子們面前演一場戲罷了，這在《華嚴經》上實有所本，而這裡所說「虔信一切諸佛」的心態，本質上也與「關注一切事物」的念頭一樣，是不限時空與對象的。

佛經記載，菩提心的基礎，是禮敬過去菩薩們修行佈施等六度波羅蜜的地點，佛陀也曾頂禮摩訶薩埵王子遺留於荒野上的骨骸，告訴大眾自己是因為這些努力而得以成正等覺。

聖塔，指的則是包括塔型、塚型、幢型等八種、十二種或千萬種造型的塔，總之就是乘載四種舍利任何一種的聖塔；禁戒者則是持守禁戒的人，具體指的是四雙八輩等聖者、與如法修梵行的修行人。

◇◇◇ 皈依：十一個要素

因境體分類，時詞義儀軌，學處及利益，失過重受法。

皈依之因，是擁有：針對因果的「勝解信」、針對三寶的「淨信」和追求三寶之功德的「欲信」等三種信心的隨一種信心，或是因為接觸到善知識而心生皈依之心。

皈依之境：皈依的對象是三寶，三寶中的佛寶指的是佛陀的法身與色身，法寶指的是涅槃，僧寶指的是四雙八輩的聖者，所謂：「能仁之二身，涅槃及八輩，恭敬皈依者，即皈依三寶。」

皈依之體，是那分：「我為了解脫輪迴而尋求三寶的救護」的念頭，細分即：視佛為導師、視法為道、視僧為友，所以尋求祂們的救護。

皈依之細分，包括害怕惡道痛苦故追求善道的「正願皈依」，及害怕輪迴故希求涅槃的「出離皈依」兩類，但真正的皈依僅指後者。

皈依的時限，是從當下直至此生的終點。皈依的詞義，據阿底峽尊者的解釋：「依之出輪迴，皈向無上處，故名為皈依。」

皈依的儀式，是頂禮有資格作為阿闍梨的對象後胡跪合掌（一般來說，出家人都有資格作為皈依阿闍梨，但說一切有部認為只有比丘有資格，經部以上則認為居士也有資格。）然後唸誦：「善男子／善女人垂念，我名某甲從今起乃至盡形壽，皈依佛兩足尊，皈依法離欲尊，皈依僧眾中尊。」三次，最後阿闍梨會說：「爾」，弟子則要回答「善」，這就圓滿了皈依儀式，阿闍梨應接著向弟子解釋皈依的學處。

皈依的學處，根據《瑜伽師地論》的記載：「一、諸根不掉。二、受學學處。三、悲愍有情。四、應時時間於三寶所勤修供養。」而阿底峽尊者的傳承上，則會特別重視三種特別學處、三種順分學處和五種普遍學處。

三種特別的學處，即不頂禮梵天等世間神祇、不害眾生、不親近外道，《大般涅槃經》云：「歸依於佛者，真名優婆塞，終不更歸依，其餘諸天神。」

三種順分學處，即在皈依佛後要恭敬，下至佛陀泥像的碎塊等一切佛寶所依；皈依法後，要恭敬經典、卷函等一切法寶所依，就算是一個字也要恭敬；皈依僧後，要恭敬僧寶的所依，包括出家人的袈裟，乃至一小塊黃色補丁都要恭敬。

五種普遍學處：

一、不能為了保護自己的性命，或是為了得到他人的認同，而捨棄三寶。

二、不論遭遇到疾病等任何苦痛，都應不依世間巫卜之術、只應虔信三寶。

三、所有物品的第一份都供養給三寶。

四、時時供養三寶，不論前往何方都不忘禮佛。

五、謹記皈依的利益故每日早三次晚三次皈依三寶。

皈依的利益，根據《瑜伽師地論》的記載：「受歸依者獲四功德：一、獲廣大福。二、獲大歡喜。三、獲三摩地。四、獲大清淨。復獲四德。一、大護圓滿。二、於一切種邪信解障皆得輕微或永滅盡。三、得入聰叡正行正至善士眾中。四、為於聖教淨信諸天歡喜愛念。」阿底峽尊者則強調皈依的八種利益：成為佛教徒、得到一切戒律的基礎、過去的一切惡罪將會消散、不受人與非人的迫害、所願成就、得到廣大福德的誘因、不墮惡趣、快速成佛。

退失皈依的壞處，則與前述「利益」相反，會使人無依無靠、恐懼孤單，失去加持、行為無力，其一切戒律都如崩壞的高山一樣開始瓦解。

退失皈依後修復的方式，是頂禮並供養三寶的聖物或阿闍梨，再如前所述一般重新皈依，皈依並沒有次數的上限。

這裡要接著附論大乘的皈依的十一個要素：
大乘皈依之因是大乘種性的甦醒，特別是因心懷慈悲而皈依，《大乘莊嚴經論》云：「希望及大悲，種智亦不退，三出及二得，差別有六種。」

大乘皈依之境亦為三寶，但這裡指的是：佛寶為「法身」，法寶為大乘的「滅」與「道」，僧寶為「不退轉菩薩」；《無上續》強調，這每一寶都具有六十種功德，但祂們仍僅是階段性的皈依處，真正究竟的皈依處只有佛的「法身」，《無上續》云：「因此，只有覺者是萬靈的究竟皈依之處。」

若人皈依的是他人心中所有的上述功德，這就是「因皈依」，若自己誠心希望創造出這些功德，那就是「果皈依」，《大寶積經．郁伽長者會》云：「云何在家菩薩歸依於佛？我要得成於佛身三十二相以自莊嚴……是名在家菩薩歸依於佛。長者！云何在家菩薩歸依於法？長者！……我成阿耨多羅三藐三菩提已，當以正法等施一切人、天、阿修羅。長者！是名在家菩薩歸依於法。長者！云何在家菩薩歸依於僧？長者……為成聲聞功德利故而演說法……是名在家菩薩歸依於僧。」可見，菩提心與果皈依只是名詞上有異，其意義與事例上則無別。

不少藏傳佛教學者認為，若皈依的是自己未來將會產生的功德，此即「果皈依」。但這是值得質疑的，試問：我們要怎麼皈依一個未來才有的功德？若能將自己內心未來將會產生的三寶功德，視為自己皈依的對象，那不就無異於現在就要食用某一畝田中未來才會產生的收成？這難道真能解決飢餓？

其實，當行者認識到自心的如來藏就是「帶垢之佛寶」，其能引申出滅與道，而其部分污垢淨化的部分就使其擁有者成為「僧寶」，所以如來藏的本質一直都是三寶，進而努力淨化如來藏上的染污。恰如一個窮困潦倒的人，一旦發現自己老家下面就有礦藏，那他就不會再跟別人借錢；同理，若行者不假他求、努力於自己修出成果，此即「果皈依」。

大乘皈依之體有四個元素：一切遍、勇猛、得果和不及，《大乘莊嚴經論》云：「若人歸三寶，大乘歸第一，一切遍勇猛，得果不及故，難起亦難成，應須大志意，為成自他利，當作勝歸依。」

「一切遍」意指許諾要渡盡一切眾生、圓滿一切修行之乘和道，通達輪迴與涅槃本質的一致，《大乘莊嚴經論》云：「眾生遍乘遍，智遍寂滅遍，是名智慧者，四種一切遍。」

「勇猛」意指追求大菩提，承擔一切苦行，期望成就與諸佛平等之性，《大乘莊嚴經論》云：「悕望佛菩提，不退難行行，諸佛平等覺，勇猛勝有三。」這也包括菩薩因為菩提心的種子，在般若之母的出生和大悲心之保母的養育下，重生為佛子，《大乘莊嚴經論》云：「發心與智度，聚滿亦大慈，種子及生母，胎藏乳母勝。」

因此，菩薩得到大士之名、大士之力與寂靜境界，熟悉度化眾生的方式，更因得光明灌頂而自在通達萬法，勸說自己的眷屬持戒並學習六度，常能掌握大菩提分及三門秘密，不斷利他有如無際虛空，終能得到常樂之身、解脫輪迴與涅槃，這是菩薩的證悟境界。菩薩因此善業，能夠徹底勝過聲聞和獨覺之善業。《大乘莊嚴經論》云：「妙相成生力，大樂大方便，如此四成就，是名為勝身。光授法自在，巧說善治攝，由此四因故，佛種則不斷，入度見覺分。持密利眾生，由此四因故，得似於大臣。福德及尊重，有樂亦苦滅，證樂證法陰，習盡有滅捨，大體及大義，無邊及無盡，由善世出世，成熟神通故。」

另，又可以說，大乘的皈依是「具足六種特質之皈依」：求佛果是「本質」，大悲心是「因」，關注於全知佛果是「果」，不厭為眾生創造利樂是「表現」，無餘掌握三乘功德是「充足」，可

「儀式得皈依」或「自然得皈依」是其「得法」，分類無量無邊是其「品類」，具有這六種特質的皈依就是大乘皈依。《大乘莊嚴經論》云：「希望及大悲，種智亦不退，三出及二得，差別有六種。」

大乘皈依的分類即「因皈依」與「果皈依」，已於上文解釋清楚。另外，也可以從「儀式得粗皈依」和「法性得細皈依」來分類，前者是透過儀式，或是皈依者的可見（身體或言語）行動所產生的皈依；後者則是皈依者自心的大乘種性甦醒、或因三寶加持、或因禪定力量增勝後自然產生的「大乘皈依」。傳統上會將前者稱為階段性的「世俗皈依」，後者稱為真實的「勝義皈依」。

設問：法性得皈依是如何發生的？

法性得皈依，其實就是親見萬法那超越概念和言語的如實本質，《弘道廣顯三昧經》云：「族姓子！若有菩薩了知諸法無我、人、壽，無色、無想亦無法相，不於法性而見如來。如是菩薩為應無欲自歸命佛。如如來法彼則法性，如其法性為普所至，有得致是法性之法、則知諸法。斯謂菩薩以無欲心應自歸法。其法性者，彼為無數習，無數者即是聲聞。又如菩薩等見無數，於其無數而不有數、亦不二者，斯謂菩薩以無欲心應自歸依。」

大乘皈依的時限，是從即刻起，直到登上無上菩提為止，只要有眾生存在、有虛空存在，就不堪捨去這種皈依。

大乘皈依的詞義，則如《大乘莊嚴經論》云：「佛為勝歸處，無比故無上，如前種種畏，無不令脫者。」提到了五層詞義，這裡的皈依處特別關注在「佛」，因為這是超越小乘之皈依，故其皈依處也比小乘更為卓越，主要在救護弟子超越小乘。

大乘皈依的儀式，是皈依者在阿闍梨或是佛像面前，或是觀想諸佛現前後，禮拜、供養，然後唸：十方一切諸佛菩薩祈垂念我（若有阿闍梨現前，則加唸：「阿闍梨／大德／善男子／善女人，祈垂念我），我名某甲，為救護一切眾生故、為令佛種不斷故，從今時起乃至詣菩提道場：皈依正等覺佛兩足尊，皈依具大悲者、知一切者、見一切者、離諸恐怖、最勝大士、身不思議，具足無上法身者。皈依法離欲尊：皈依無上如來所具各別自證寂靜法身。皈依僧調伏眾中尊：皈依四方聖不退轉大菩薩僧。」三次後，阿闍梨云：「爾」，弟子答：「善」，如此即圓滿了儀式，再由阿闍梨解釋學處。

大乘皈依的學處，是在前述的學處基礎之上，加上：迴向一切善業於利他成佛、放棄追求小乘寂靜安樂之念頭、盡力利益眾生。

大乘皈依的利益，是成為大乘弟子，其在心態上都遠勝聲聞和獨覺，終將得到殊勝的智慧和無上菩提，《大乘莊嚴經論》云：「歸依有大義，功德聚增長，意悲遍世間，廣流大聖法。」

退失大乘皈依的壞處分成兩個層面：若退失利他之心將墮入二乘境界，若放棄皈依則將墮回輪迴。其修補方式，則是在阿闍梨、三寶聖物或觀想諸佛菩薩前，如前皈依一般再次皈依。總之，大乘的傳統中，是要在心生任何退失皈依的念頭後，立刻就扭轉這種念頭，並善用各種對治方式來處理和修補，至為切要。

我皈依覺者、正法和聖者，直到我登上菩提道場。

「直到我登上菩提道場」表明了實踐，內文還提到了大乘三寶，間接指出了皈依的動機與目的。部分註解認為，這裡的「道場」意即「藏」，指的是「無上菩提的本質」，所以「登上菩提道場」的意思就是「得到正等覺佛果」。

「依」的意思是救護者、可依靠者，「皈」則是徹底依教奉行之意，故「皈依某人」意指「徹底服從某人的指令而不踰矩」。

◇◇◇ 懺悔

修行者所要懺悔的罪障，指的是因為三毒動機所促發，自己親自付諸行動，或是教唆他人行動的「自性罪」，乃至對他人的自性罪「心生隨喜」也是罪障，它們會障礙我們得到善道或是解脫，都是我們要懺悔的不善業。一切的不善業都以三毒為動機，《寶行王正論》云：「惡修及諸苦，皆從邪法生。」

所以，若一個行動背後的動機是三毒，那就算它看起來中性或是善業，本質上也是不善；這還包括了違背戒律的「遮罪」，及本性上就是不善的十種「性罪」。「罪」的意思是「不明智的行動」，這種行動不論是自己做、教別人做或是對他人的作為感到歡喜，其結果是很類似的，《俱舍論》云：「軍等若同事，皆成如作者。」

菩薩在懺悔時，會承擔起「負責吸收一切眾生之罪障」的責任，一起代為懺悔，譬如阿闍世王就有這樣的事蹟，佛陀更對其承擔一切眾生的罪障來懺悔之心念深表讚賞。

懺悔時，起淨化罪障效益的力量有四種，《四法經》云：「慈氏！若有菩薩具足如是四法，則得調伏昔造眾罪，云何為四？行持悔過、行持對治、斷惡力、所依力者是。」「悔過」是對自己造過的惡感到悔恨，「對治」則是盡量造善，重新受戒並努力持戒不犯是「斷惡」，這一切都是在皈依三寶、不捨菩提心的基礎上發生，此即「所依」。佛經上引用了一個譬喻，將這四力描述為橫貫大地的四大河流，其流動的水流如此龐大而強烈，再高的沙堆又怎能不會被摧毀？

懺悔的方式，是在許多人聚會的場合，或是在殊勝的對象面前，出聲自陳、懺悔自己所造的不堪，這種悔恨的心力有如自己飲下毒藥一般，故承諾就算未來遇到生命危險，也要避免再造，這是「悔過」的本質。行者持有皈依與菩提心即「所依」，努力造善即「對治」。

對治，就是造善來對治罪惡，《大乘阿毘達摩雜集論》云：「云何強力業？謂：對治力強補特伽羅故，思所造諸不善業，由對治力所攝伏故，令當受那落迦業轉成現法受，應現法受業轉令不受，所以此業名『強力者』，由能對治業力強故；此能治業望所治業、其力強勝，令彼所感諸苦異熟轉變滅故。」

《如來藏經》主張，觀修空性能夠淨化罪障；《金剛經》主張，諷誦大乘經典能夠淨化罪障；《底哩三昧耶王經》、《妙臂菩薩請問經》則認為，唸誦密咒能夠淨化罪障；《佛說花積樓閣陀羅尼經》提到供養佛塔能夠淨化罪障；《如來形像品》認為造佛像能夠淨化罪障。

設問：對治的善法是不是要與所造的罪惡數量相等？

其實，並非如此，《大般涅槃經》云：「大王！如少金剛能壞須彌，亦如少火能燒一切，如少毒藥能害眾生，少善亦爾能破大惡。雖名少善，其實是大。何以故？破大惡故。」

懺悔的利益，如《摩訶迦葉會》云：「汝等愚癡心，所作不善業，汝當自悔過，菩薩不處俗。」《金光明經》云：「千劫所作，極重惡業，若能至心，一懺悔者，如是眾罪，悉皆滅盡。」

總之，悔恨力淨化罪障的過程，就像坦然面對伶牙俐齒的債主而向其懇求一般。對治力淨化罪業時，就像一位掉到惡臭泥沼中的人，離開泥沼後，洗淨身體、塗上香水一樣。斷惡力淨化罪業的方式，就像改變了有害河水的流向一樣。所依力淨化罪障的方式，就像求救者緊抓住大力士（喻指皈依），或是依靠密咒解除毒害（喻指發菩提心）一樣。

迷戀女色的佛弟難陀，殺害千人的鴦掘魔羅，殺害生母的的惡人歡喜童子等，都是因為上述的某一力懺悔，最終得證阿羅漢果。《勸誡王頌》云：「猶如雲翳除，良宵覩明月，孫陀羅難陀，央具理摩羅。」《根本說一切有部毘奈耶出家事》云：「若人作惡業，修善而能滅，彼能照世間，如日出雲翳。」《佛為首迦長者說業報差別經》云：「若有眾生造地獄業，作已怖畏，起增上信，生慙愧心，厭惡棄捨，慇重懺悔，更不重造。」

懺悔罪障並得到淨化的徵兆，往往會出現在夢境中，《尊那陀羅尼經》云：「若夢天女授乳酪飯，得離彼罪。或見日月、昇虛空中、猛火、水、牛及黑丈夫怖走而去，又若夢見比丘、比丘尼眾，或乳木樹、白象、白牛、山峯、舡舫處、大殿堂及師子座聽聞妙法，應知悉是罪滅之相。」但是，行者切勿因此而自滿。

若人能通達一切罪障本來自性清淨，罪障的本質與一切法的本質全然平等而一致，此時就毫無罪障需要淨化了。《淨業障經》中記載，無垢光比丘犯他勝罪後，佛陀向他開示了一切法如幻、剎那、假名，一切顛倒所生之法皆如虛空：「諸法無垢，淨過空故。」促發無垢光比丘發菩提心，並得到授記將於過了賢劫十劫後成佛，所謂：「境界不真實，空無不可取。」

◇◇◇ 懺悔的四種力量

第一種力量、悔過力

現在，我向十方的一切覺者，以及立志覺悟的聖者們，合掌稟告：

無始以來，不論是此世或過去世，我曾因無知而造罪，或是唆使他人造罪，或受愚癡蒙蔽而贊同他人造罪。
如今，我意識到這些行為的過失，至誠悔過。

我受到煩惱的驅使，讓自己的行動、言語和念頭，傷害了親友、三寶、上師或他人；這些難恕的罪過，讓我成為罪人。
如今，我在覺者面前，至誠悔過。

這裡呈現了我們自身往往受到愚癡的左右，而在行為、言語或念頭層面造下不善，或是以言語和意圖來唆使別人造惡，這些悔過的動機，基本上是因為我們看到它們的負面影響，包括聽到了其異熟惡果是墮落地獄等等。

另，「三寶與上師」是德田、「父母與親友」則是恩田，若是傷害這兩種田、其異熟苦果則更為嚴重與強烈；若巧取豪奪僧團的物品，則更是深重無比，根據《正法念處經》的記載，這屬於「一定會感果」的重罪。這些「難恕」的罪業，有如星星之火可以燎原一般，「因」時細微，但結「果」時卻非常可怕。

或許，在上述罪障未淨化前，我就面臨了死亡，所以請覺者們救護我，讓我超越這些罪障。死神何時來臨實不可測，他不論我是否淨化、是否生病，都有可能突然將我帶走。

正因死時不定，所以很有可能在尚未淨化罪障前，死亡已然到來。

我並沒有意識到，死亡來臨時，只剩我隻身一人，所以為了親友與仇敵，而造下種種罪業。然而，仇敵終歸虛無，親友終究消失，我也必然死亡，一切都會歸無。人生如夢，任何的經驗，一但發生就變成回憶，不復再見。

我此生的親人與仇敵，已有過半離世，但為他們造惡所累積的苦果，點點滴滴等著我。因為我沒有意識到，死亡會悄然來臨，才會受貪、瞋、痴的蒙蔽，造下罪業。

眾生造惡之因，往往是因為不知道自己終將放下一切而去，更為了愛護親友、壓迫敵人而造業，這些外人終將散去，但自己所造下的一切、終究會如影隨形地長存心中。

時間毫不停滯，我的壽命也在不停減少，更沒有補回的機會，怎麼可能不面對死亡？臨終彌留之時，就算身邊圍繞著千百的親友，但我只能隻身面對死亡的苦痛。

死神來帶走我時，親友再多又有何益？只有我自己的福德，能幫助我面對死神。屆時，我只能可惜，自己沒有把握機會累積福德。

放蕩無羈如我，並不知道死亡的恐怖，才會為了此無常的肉身，親手造下種種重罪。

看看正在走向刑場的死囚！他們驚空萬分，張大乾渴之口，眼

睛呆痴，完全變了一個人。何況是被恐怖的死神所逮補，面對憂心而恐怖的苦難臨終者？

若此時才張大眼睛觀望四方，尋求能保護我離開這些恐懼的怙主，終將失望沮喪。若此時沒有福德力的支持，除了惶惶不安外，別無他法。

這裡依序講出了五個重點：
一、我們絕對會很快就面對死亡。
二、死亡時會後悔自己造善不及。
三、死亡時會後悔自己造惡過多。
四、因為害怕死亡而會尋求庇佑。
五、但屆時無人可依，只能自己面對絕望。

第二種力量、所依力

覺者，是一切生命的怙主，他慈悲保護一切生靈，努力消除眾生的恐怖，所以我皈依他。同理，我也皈依覺者所體悟的正法，以及一切聖者們；他們都能幫助我，超越輪迴的恐怖。

我非常恐懼罪惡的報應，因此我將此身奉獻給普賢、文殊等聖者。我更哀號地祈禱，希望觀世音聖者不忘他的慈悲承諾，救護我這個罪人。我也由衷地向虛空藏、地藏王等一切慈悲的聖者祈禱，請救護我這個罪人。我也皈依金剛持上師，因為死神一旦見到他，就會恐懼地四處逃竄。

我因往昔違背了覺者們的教導，所以現在面對強大的憂懼：因此，我現在皈依覺者，希望能消除恐懼。

既然死亡的絕望是必然，我們無不恐懼屆時要面對的情境，而唯一的救護者只有三寶，就應保持此「恐懼苦痛」和「懇求皈依」的真切心態，即刻就痛改前非地皈依佛、法、菩薩僧等三寶，特別是皈依：

- 一一毛孔圓滿一切諸佛福德，但因願力而化為菩薩像的「普賢菩薩」。
- 雖然持續作為十方大部分佛陀之師，持續以童子形指導過去諸佛，但堅持作為菩薩的「文殊菩薩」。
- 發願「僅聞我名即能離苦」來加持自己名字的「觀音菩薩」。
- 發願消除一切菩薩墮罪的「虛空藏菩薩」。
- 一切魔軍難以動搖的「地藏菩薩」。
- 僅見其相就能戰勝一切魔軍和死主的「金剛手菩薩」。

乃至彌勒菩薩、除蓋障菩薩等大菩薩們，應誠心皈依、供養自身並虔誠祈禱。

「奉獻自身」這種承諾，意指我們不是遵循他人的脅迫，而是誠心自願地皈依祈禱；我們承認自己違背了祂們要我們「諸惡莫作」的教導，但承諾從此刻起再也不會違背、祈願他們能夠憐憫接納。

這裡的皈依與前述的大乘皈依有些許的差異：大乘皈依是一切大乘修行的基礎，是皈依本身。而這裡的皈依則是懺悔的「所依力」，是因為強烈的恐懼而即興地向三寶求援。

第三種力量、對治力

若得到尋常的疾病時，也得遵循醫囑以期康復，何況長期染上貪心等等，能摧毀一切生靈的煩惱宿疾？只有覺者的教導可以療癒煩惱之宿疾並拔除苦難，而既已得此一切智之醫王的醫囑，卻不遵循服藥，實為值得呵責的愚人。

若面對尋常的危險，都必須謹慎對待，何況面對會讓我們長期墮落在萬丈深淵的危難呢？無人可以保證我不會即刻死去，所以安逸自得並不妥適。

畢竟，生命必然會終結、死亡必然會降臨。我何以無懼並安心地面對必然來臨的死亡？

這裡依序講出五個要點：

一、為何需要依教奉行。

二、煩惱宿疾非常可怕。

三、煩惱之醫唯有佛陀。

四、舉例說明。

五、淨化罪障不堪拖延、避無可避。

第四種力量、斷惡力

除了我此生的回憶與經歷外，面對死亡，我準備好了嗎？我反而為了這些必成回憶的經歷，而一再違逆覺者上師的教導。生命必然終結，親友關係也是如此，我必當獨自面對不定的未來，又何苦結親結仇呢？

總之，苦難源自造惡，故若想脫離苦難，就應時時刻刻專心避免罪惡。而我因為無知的蒙蔽，造下了種種自性罪惡，也違背了聖制戒律和許多細微的規範。如今，我在怙主面前合掌，心懷憂愁地再三頂禮一切覺者，悔一切過。

請覺者們寬恕我過去造下的罪惡，我發誓不再造下這些不善之行。

這裡依序介紹了悔過的原因，發漏懺悔的真誠和立誓不再造罪的承諾。

上述是針對《建言錄》第二章的註解

《建言錄》本體中，第三章的排序，是緊接在第二章的「懺悔」之後，持續諸如「隨喜」等七支供養的內容。

◇◇◇ 隨喜

「隨喜」的本質，是對自己做的善事或他人做的善事，誠心地感到喜悅，它可以分成「隨喜善因」和「隨喜樂果」兩類，若要細分則有多種。部分註解認為，隨喜可以分成：

一、生理上的隨喜，即落淚、毛孔震動等等的反應。
二、練習言語上的隨喜，即口說：「善哉！」、「太好了！」、「做得好！」、「做得太好了！」等等。
三、練習心態上的隨喜，即正面看待之並心生歡喜。

隨喜的利益，首先是若隨喜他人的善業，自己會得到比對方的善業功德更強大的善業。佛經記載，頻婆娑羅王曾經供養佛陀及僧團連續七天，過程中曾有位乞丐聽到這個消息、心生隨喜。在供養七天之中的某天，佛陀在應供之後，詢問頻婆娑羅王要將供僧的功德迴向給他，還是迴向給功德更大之人？頻婆娑羅王非常困惑，竟然有人比自己功德更大，因此請佛陀迴向給那位功德更大之人。

等到頻婆娑羅王得知，那位乞丐因為隨喜而功德更大後，故意在第七天讓人去騷擾那個乞丐，使得乞丐隨喜之心消退，當天佛陀在應供之後的迴向，就直接迴向給了頻婆娑羅王。

另，《佛母寶德藏般若波羅蜜經》云：「若發志心而隨喜，最上菩提不退行，三千須彌重無量，隨喜善法重過彼，眾生為求解脫法，一切隨喜作福蘊……名大智者為一切，施因雖少果無量，乃至三有諸眾生，一切皆以尊重施，如供養佛及菩薩，緣覺聲聞之功德，大智菩薩以方便，用彼施福行迴向，當令一切眾生類，皆悉證得無上覺，如假琉璃寶大聚，不及一真琉璃寶，迴施世間一切眾，不及迴施無上覺。」

這裡的意思是，如果三界的一切眾生都走入聲聞的修行之道，供養了許多佛陀、獨覺和阿羅漢們，渴望得到聲聞菩提；若菩薩對這每一眾生所造的善業，整體性地產生一次性的「隨喜」心態，然後迴向佛果，菩薩的善業將遠勝於前者之善業。

我欣喜於一切生靈的善行與福德：善行能息苦，福德能感樂。
我欣喜於實踐戒學、定學和慧學，以得到覺悟和解脫苦難的善行。
我欣喜於覺者和聖者的體悟，更欣喜於他們為給予一切生靈快樂的付出。

這裡的善業，包括：順福德分之善因、其安樂之善果「善道」、順解脫分之善、二乘菩提、大乘佛果、十地、大乘道因等等。

◇ ◇ ◇ 勸請

我合掌至誠祈請十方覺者：請你們為仍沈溺於苦難和癡迷的生靈，點亮驅散愚黯的正法明燈。

根據佛經記載，現在十方就有許多剛成佛的聖者，但他們考量到眾生或許難以理解佛法、故尚未轉動法輪，這更彰顯了「正法唯佛能說」的可貴，諸佛也是為了讓他人造善而等待勸請。

我等本師釋迦牟尼佛，也是在成佛後四十九天都沒有開口說法，

《方廣大莊嚴經》云：「梵王若來勸請我，或當為轉微妙法。」有些佛陀未開口說法的時間較此為短、有的則長達數年，甚至在某些人壽極長的地方會長達數劫，也有些如來雖然住世無數年，但都沒有說法，直到最後說法一日，就進入涅槃。

我們應該關注於這一切的如來，祈請他們宣說正法：可以觀想自己成為大梵天王，手持金輪供養諸佛、請轉法輪，這種方式雖然源自密宗的修持方法，但僅僅是一種「虔誠」的觀想技巧則無礙。

◇◇◇ 祈請

若知道有覺者即將入滅，我必立刻合掌祈請：請您住世無極，莫遺生靈獨迷於世間。

雖然佛的法身毫無涅槃可言，但佛的化身會為了向弟子們彰顯「佛陀稀有」的本質，扭轉弟子們對「常」的執著，更為了讓弟子們得以分配舍利、善加供養，以及推進包括「經典結集」等許多其他的重要的佛行事業進程，故一定會展現出涅槃。

佛陀曾經為了提醒阿難要勸請他不入涅槃，而於《根本說一切有部毘奈耶雜事》云：「阿難陀！若有能於四神足修習、多修習，欲住一劫、若過一劫悉皆隨意。阿難陀！如來已於四神足已多修習，欲住一劫、若過一劫悉皆自在。」雖然佛陀重複這句三次，但阿難當時受到惡魔的遮蔽，完全沒有祈禱佛陀住世，反而離開佛陀去處理日常事務。結果，惡魔就立刻趁機祈請佛陀涅槃，佛陀為了同時滿足惡魔希望他涅槃的心願和純陀希望他住世的心願，因此加持自己的壽命剩下三個月。

我們應該關注於十方之中處在這種情境的一切諸佛，祈請祂們不入涅槃。

◇◇◇ 迴向

最後，願我如上祈禱所聚積的一切善行，能消除一切生靈的苦難。我立志在一切生靈的憂患未得療癒前，能成為他們的醫師、藥物和護士。

希望天上自然降下如雨般眾多的食物，解除一切生命的飢渴；我甚至自願奉獻肉身作為身在飢荒苦難之人的飲食。

願我能擁有無盡的資源以救濟貧困者，更願無量的資生物，自然出現在貧困者前。

這段內容發下了四個層次的願：整體地祈願利他，並個別地祈願消除瘟疫、飢荒和窮困。瘟疫與飢荒主要是指世界未來的狀態。《俱舍論》云：「業道增壽減，至十三災現，刀疾飢如次，七日月年止。」當人壽來到十歲之時，會先出現連續七日戰爭不斷的刀兵災，然後是七月又七日的瘟疫和七年七月七日的飢荒，再進入「增劫」。

一般來說，眾生的病苦、飢苦等都是非常沉痛的，特別是在小劫末和中劫末會發生的刀兵災、瘟疫災與飢荒都是痛苦不已，屆時眾生會毫無可信任、可皈依之處，故本論作者於此特別為他們祝願。傳統上認為，刀兵災發生時，人與人之間會自然敵意、怨恨對方，一見面就會動手殺傷。

另外，內文提到的「貧困者」，是因為作者意識到，眾生只要窮困，就容易因此而造惡，故特別為他們祝願。

部分註解在解釋這段時，會引用《華嚴經》所說的迴向文：「菩薩摩訶薩以身佈施一切眾生為欲普令成就善根、憶念善根。菩薩摩訶薩自願其身為大明燈，普能照耀一切眾生；為眾樂具，普能攝受一切眾生；為妙法藏，普能任持一切眾生；為淨光明，普能開曉一切眾生。」這些迴向都有純淨的動機為支持、而非單純文字上的敘述而已，必須以歡喜、真誠、清淨、親近的心態，恰如慈悲看待親友一般的態度來真誠迴向。

我願毫無吝惜，盡情分享自己的身體和財產等資源，以及過去、現在、未來所累積的一切善行，以謀求一切生靈的福祉；因為這一切，在死亡時都帶不走。既如此徹底出離貪愛和偏執，我的自心則終將涅槃。

我既然已將此身全然捨去，則應任一切生命隨意打、罵、殺此肉身。縱使他人戲弄、侵犯、欺侮、譏諷我的肉身；但我既已將此身全然捨去，何須珍惜？我願竭力於利用此肉身，實踐一切無害的事業。

本論作者在這段一開始，承諾要將自己的身體、財富和善業都佈施，以作為眾生得到菩提之因，再來是闡述其原因：若不放下這一切、則無法得到菩提，而菩提正是作者所追求的終極目標。另，若不放下這一切、它們也終將被死亡給吞噬，屆時一點意義都沒有，不如現在就將其佈施給眾生、創造巨大的意義。

最後，作者強調自己將不再對身體和財富有佔有慾，並將努力利用此身、實踐「無害之事業」。

設問：若要佈施三時的善業，那要怎麼佈施未來的善業？

部分註解主張，這個質疑雖然合理，但這段內容本來就是為了勸說修行者放棄對時間的執念，並淨化現下的心態，使其毫無顧慮，徹底將自己的一切實有之物和內在的觀念與心態都轉向利他。《大方等大集經》云：「若念過去己身、他身、善、不善、心、心數法、不善心法呵責毀呰，善心數法悉以迴向無上菩提，是名菩薩觀過去方便。若未來世心、心數法，一向專念菩提之道。若起善心願悉迴向無上菩提，所有不善心、心數法不令入心，發如是願，是名菩薩未來方便。」

「徹底放下」的標準，是在完全真誠有此想法後，進而在行動上表現出徹底放下「執著」的態度，因為「執著」是一切輪迴的根本，而若能放下它，即得解脫。

設問：所以，我們要完全不顧自己的絲毫利益嗎？

誠然，即如內文所說「毫無吝惜」，佛陀曾對舍利弗說，菩薩的心態，就是將萬事萬物都視為他人所有、自己一無所取，《那羅延所問經》也云：「若於財寶發是捨心，應知財利不生取著。」《無盡意菩薩經》則提到我們肉身所有的四大元素，能如何透過多種方式利益眾生。

祈願一切接觸到我的人，都能蒙福。祈願見到我後，不論是產生信心者，或是產生憎心者；他們的那分心念，都能成為利益他人的動因。祈願羞辱、毀滅、傷害我的人，都能因此而累積覺悟的因緣。

我願為長途跋涉旅人的嚮導、需要渡水之人的船筏和橋樑。我願為需求島嶼者化為島嶼，需求明燈者化為明燈，需求床鋪者化為床鋪，需求僕從者化為僕從。

我願化為如意寶珠、成就寶瓶、咒語、靈丹妙藥、如意樹、滿願牛、虛空和四大元素等，如是一切生靈的資生之源；直到量等虛空的一切生靈，都殊途同歸得到覺悟為止。

前述六句是作者發願，任何眾生只要因為接觸到他而產生任何心態，這些心態都能成為對該眾生有大利益之遠因，更發願要以德報怨對待眾生。

然後，作者發願要成為眾生需要的樣子，恰如承載眾生度過羅剎洲的寶馬王之隨願應化。另外，「需求島嶼者化為島嶼」中的

「島嶼」一詞，梵語原文應為「Dipam」、因為版本的誤會而寫成「Dipa」，所以正確的應該是後面的：「需求明燈者化為明燈。」這是部分註解的解釋；然而，大部分後期的譯本都強調了「島嶼」的意涵，我猜測應該是梵語母本有異所致。

「如意寶珠」等句子，則是作者發願要成就佛陀事業，能夠不刻意、自然地利益眾生們，這樣的願望並非針對單一的眾生，而是所有眾生：

「如意寶珠」能滿足一切願望；「成就寶瓶」則是經過密咒創造成就力的寶瓶，據說能產生一切所求，有些記載顯示曾有比丘從某個成就寶瓶中拉出了大量的大乘經典。「咒語」意指得到快速成就咒語之實力，能夠加持寶劍、眼藥、神鞋成為成就物。「靈丹妙藥」是天界或阿修羅界煉出來的甘露，能讓人壽命長達一劫、肉身成就無死之身。「如意樹」是能產生一切所需的大樹；「滿願牛」是成為滿足眾生一切心願的泉源；「地」等四大元素喻指能不刻意、無計畫卻自然地利益眾生的能力。

這一切的引喻，都是歸納〈金剛幢迴向品〉的眾多大佛子之迴向內容而成。

設問：若一人造善一人不造，前者得利後者不得，則這些願望就沒有真正的意義；但若兩者都得利，不就違背了「造業感果」的因果觀念嗎？

這是不需要擔心的，因為「造業感果」、「不造業不感果」和「他造業我不感果」等是所有佛教的共通因果觀念，而諸佛菩薩們已經得「業自在」，能夠充分關注到心境的變化，通透可為與不可為，能夠在正確的時間加持眾生。

關於這一點，小乘也有這樣的記載：佛陀曾說，就算全世界的人們可耕之田，只剩下一個指甲的量，佛陀僧團中的所有聲聞也絕對不會在托缽時有所匱乏；佛陀將自己在未成佛前，沒有享受到的轉輪聖王之無量福報都遺留下來，沒有自己享用，專為留給後代聲聞們不使匱乏。

另外，世間的財神也有能力將信徒來世將享用的財富，調轉到此生享用。這種寅吃卯糧的行為，其實是讓未來的大果變成現在的小果，不過世間人倒以為這是財神的加持了。

那麼，為何佛陀不加持一切眾生，使我們的不善業直接消失呢？事實上，從佛陀的視角來看，祂早已這麼做了，因為佛陀看到萬事萬物的所有型態都是清淨的，不會看到任何不清淨可言；但這些清淨的樣態對我們來說，就不一定是清淨的了，恰如視力良好的明眼人能清楚看到的景象，為盲人所無法得見。

又，明眼人因為自己能清楚看到一切，所以請來醫生治療盲人的眼疾，使其得以看到萬事萬物，故明眼人的經驗，成為了盲人眼疾療癒的遠因；同理，佛陀不會看到任何染污，因此佛陀慈憫只能看到染污的有疾凡夫們，希望引導我們登上菩提。

佛經記載，有些阿羅漢一旦想喝蜂蜜，整個四大海水都會變成蜂蜜；但另一位阿羅漢（小駝背）臨終前連想喝口水，整缽的清水拿到他面前也都變成灰湯；這既彰顯了一切經驗都是內在的投射，也表示了此過程中的業因果報不會空耗，這就是唯佛得以知解的不可思議境界。

總之，不獨佔自己的善業，將其共享給一切眾生，能讓善業增長無邊。

設問：我們那「傷害我的人希望都能得樂」的願望，到底該不該成真？若不成真，這個迴向就毫無意義；若是成真，就會變成「造惡感樂」的顛倒因果了！

雖然傷害菩薩並非善業、故非樂因，但菩薩面對他人的一切行為時，都能正確地看待與回應，視其徹底如幻、不用「利害」的角度來看待，故菩薩不會將任何行為視為「傷害」，只會將這些互動視為「正面的關係」或「負面的關係」，這種關係更會成為菩薩渡化對方的契機。

佛經記載，當忍辱仙人受歌利王刀刀割截的殺害，祂許願自己未來成佛時，也要如此刀刀割截來消除歌利王的煩惱，這個願望在祂未來成佛時得以實現。當時歌利王轉世為憍陳如，佛陀便在初轉法輪時詢問祂三次：「汝知否？」來一刀一刀割盡了憍陳如的煩惱，引導祂登上阿羅漢果。

設問：究竟想成為「明燈」等等的願望是否如實？若是如實，則菩薩難道要成為明燈、床鋪、寶珠等物品？若非如實，則這個迴向不就毫無意義？

一般來說，人們都會使用幻師所變出的馬、象等交通工具，所以菩薩願力所成就的各種物品，也足以為人們所使用；恰如賢劫諸佛創造清淨的國土，這個器世界也成為了眾生們所依賴的處所。

設問：諸如「需要渡水之人的船筏和橋樑。」等願望，難道不是說菩薩自己要變成「物品」嗎？

一方面來說，發願的「因」階段，是全然的情感投入，不會去思考「是否變成」、「是否合理」等問題，而是以大悲心徹底投入的難忍情懷；當這個願望結果時，自然不是自己變成那些物品，而是由自己的願力創造出那些物品來救度眾生。

另一方面來說，我們從魚王本生、象王本生中，都能看到佛陀將自己的肉身作為食物佈施給眾生的事蹟；也能看到菩薩將自己的手點火變成「明燈」，來引導迷途商人們歸航的故事；更能看到菩薩作為龜王、承載四百餘位溺水商人回家的「船筏」事蹟。

從究竟了義的角度來看，若將「物品」、「心智」和「眾生」視為非常不同的存在，這是一種凡夫的妄念判斷，更落入了小乘的思想之中；譬如夢境中或幻象中的「物品」、「心智」和「眾生」三者沒有差異，我們在言語上也會將厲害的木匠稱為「機器」、厲害的醫生稱為「藥王」，所以萬事萬物並非如我們觀念認識的一般，實際上是不可思議。總之，針對本論的迴向段落，進行深度的剖析和申論，是藏傳學者們的習慣。

要言之，佈施身心有兩個要件：
一、發願菩提心。
二、立誓不捨此願直至覺悟。

「迴向」這一段的論文則圍繞在第一點（發願菩提心），依序提出：立誓不顧身心只求菩提、發願絕不空口、發願成就為眾生離苦得樂之因。

◇◇發菩提心正行

往昔，一切的覺者們都是先立志覺悟，再依循熟習勇者的六度學處。如是，我從今起，為了謀求一切生靈的福祉而立志覺悟，並將致力於熟習上述的學處。

這段論文是發菩提心與受菩薩戒同時進行的正文，若想分開發心與受戒，則應如前所述一般唸誦，只要在阿闍梨、或三寶聖物、或三寶面前唸誦這段內容三次，即發起了菩提心和受了戒。

◇◇發菩提心之後

◇◇◇深感自豪

智者們在如此持守清淨的菩提心後，會如下讚歎菩提心的利益，以期壯大此心：我此生何其有幸，能獲得寶貴的人身；現

在又能立志覺悟，加入覺者的家族，成為覺者之子。

從今爾後，我的行為都應合乎覺者家族的光榮；切莫讓煩惱污染了無垢的菩提心血脈。這份榮幸，遠比在垃圾堆中找到至寶的盲人，更加有福。

這段的四句話，依序是感嘆詞、讚嘆自我的選擇、立誓不染污傳承並彰顯菩提心的難得。這段自我讚嘆與榮耀感的表述，是因為在發起菩提心之後，更要使其增長，因而保護它、淨化它、開展它。

我們要意識到自己無始以來不曾發起菩提心，如今終於讓自己的生命有了意義；僅是發起了菩提心，也就加入了佛陀的族裔、成為「佛子」，應該為自己感到喜悅和自豪、拋下低劣的態度。「無垢」指其過去、現在和未來都不曾有污點。「染污」指的是以這樣的身分造罪。

如意寶珠非常珍貴，值得投入許多珍惜與保護，放在堅固的倉庫內，加上許多道鎖來封印，完全不可能掉到倉庫外的大道上；就算有這萬分之一的機會，也不可能被一個盲人給撿走。同理，一切智智的至寶菩提心，連聲聞和獨覺這樣的明眼人都無法尋得，更何況是我這樣的眼盲凡夫？如今，有機會得到這樣的菩提心，實在是稀有不已，必然是承蒙諸佛的加持才可能有這樣的收穫。

菩提心，是療癒死亡、貧困和疾病的甘露、寶藏和妙藥。

菩提心是供漂泊輪迴之一切生靈休憩的大樹，是讓生靈離開苦難之途的橋樑。

菩提心，能療癒死亡、貧困和疾病，更能消除三惡道的痛苦。這裡的「療癒死亡」指的是佛果；「貧困」則是指缺乏「世間安樂」與「出世間安樂」的狀態，這是菩提心所能解除；「疾病」的核心即是「三毒」，風、火、水三種元素的失調也是因此而生。菩提心既然是治療三毒的唯一良藥，自然也是讓流轉無邊輪迴之流浪人能夠稍加休息之地，更沒有其他方法能夠根本地救度眾生解脫出三惡道。

菩提心是能拂一切惱熱並帶來清涼的明月，是能驅逐無知遮蔽的日光。

「惱熱」指的是灼燒自心的煩惱障，菩提心對其來說有如滿月之光，「無知」則是所知障，遮蔽我們認識實相，是我們內在的黑暗，菩提心對其來說則有如日光。

是正法之乳中的上味醍醐。總之，菩提心，能滿足尋求福樂之輪迴遊客的心願，令我們得到最上妙樂。

菩提心，是大乘甘露法海所提煉出的醍醐，除此無他。而它也是我們未覺悟前，今生與來生、自己與他人的一切快樂的泉源。

《佛母寶德藏般若波羅蜜經》云：「無佛誰指菩提心，亦無釋梵聲聞果，如日舒光照諸天，普使成就種種業，佛智菩提心亦然，從智生諸功德法，如無熱池無龍主，即無河流閻浮提，無河華果悉不生，亦無大海種種寶，世間無佛無大智，無智功德不增長，亦無佛法諸莊嚴，無菩提海等等寶。」

◇◇◇共享光榮

我在怙主們的見證下，邀請一切生靈作我尊貴的座上賓；願你們與我一起享用正法的盛宴，而感到覺悟之喜樂。

發菩提心的行者視自己為主人，在發起菩提心後的此刻，請一切怙主們作為證人，邀請天人、阿修羅等一切眾生作為客人，接受「究竟佛果」和「暫時安樂」的饋贈。這是作者的誓言，他更希望聽聞者與讀者因此心生歡喜。

總之，這段內容是在詮釋因果的真實無謬，譬如雨水能夠滋潤土地生長稻穀一般，菩提心也是自他一切利樂的源頭。

上述是針對《建言錄》第三章的註解

第三章

第四章與第三章的關係，是在發起了「圓滿的動機」——即菩提心後，應投入到「圓滿的修行」——即不放逸中，部份難釋提到，作者是在介紹了發心後，緊接著談如何實踐其學處。

菩提心的修行，本質上可以分成三種大乘學處，或是十波羅蜜，但歸納來看就是「護心」一條。十種波羅蜜中，方便波羅蜜、願波羅蜜、力波羅蜜和智波羅蜜可歸納入般若波羅蜜中，三學也可以歸納於六波羅蜜中；佈施是一切的基礎故不另外解釋，而持戒則屬於「正知」一章，故本論依序介紹了其他波羅蜜的內容，「不放逸」則是這一切的根本。

◇ 守護菩提心的方法

◇◇ 一切的根本：不放逸，不放逸就是波羅蜜多

這個主題主要根據《大乘莊嚴經論》和《攝大乘論》的說法，要言之：

數性及次第，詞義修功德，分類攝障礙，功德互涉十，附論增淨法。

◇◇ 為什麼是「六」波羅蜜？

人天解脫二，攝大乘利他，攝道三學處，依障四成就，八因定此數。

六波羅蜜可以從兩個角度來分類：一是作為人天善趣的因、二是作為究竟解脫的菩提之因。故波羅蜜絕對只有六種：

一、為了獲得財富而修習「佈施」。

二、為了獲得良好的身體而「持戒」。

三、為了獲得眷屬而修習「忍辱」。

這三者是獲得人天善趣的因。

其次：一、為了增長功德而「精進」。
二、為了獲得「止」而修習「禪定」。
三、為了獲得「觀」而修習「般若」。

這三者是獲得究竟解脫之因。《大乘莊嚴經論》云：「資生身眷屬，發起初四成，第五惑不染，第六業不倒。」

另，佈施等三種波羅蜜屬利他、精進等三種波羅蜜屬自利，《大乘莊嚴經論》云：「施彼及不惱，忍惱是利他，有因及心住，解脫是自利。」再者，若從利他的角度來看，六波羅蜜也可以理解為：「佈施是使人不缺乏財富」直到「般若是善巧宣說真理」，《大乘莊嚴經論》云：「不乏亦不惱，忍惱及不退，歸向與善說，利他即自成。」

另外，所有的大乘修行都可以歸納為這六波羅蜜，因為佈施是不執著於身體、持戒是不執著於財富、禪定和般若是安住於無分別的瑜伽修行、不厭倦以上是忍辱、恭敬以上是精進。

《大乘莊嚴經論》云：「不染及極敬，不退有二種，亦二無分別，具攝大乘因。」另外，一切「道」也都歸納於此六波羅蜜中：佈施與持戒歸納了不著道、忍辱歸納了不捨道、精進歸納了增長道、禪定歸納了清淨煩惱障道、般若歸納了清淨所知障道。

《大乘莊嚴經論》云：「不著及不亂，不捨亦增進，淨惑及智障，是道皆悉攝。」另外，三學也都歸納於六波羅蜜中：佈施、持戒與忍辱屬戒學，禪定屬定學，般若屬慧學，精進則是一切的助力，《大乘莊嚴經論》云：「為攝三學故，說度有六種，初三二初一，後二二一三。」

《大乘莊嚴經論》中解釋了這六波羅蜜，而《攝大乘論》則從對治的角度來說明：

一、佈施和持戒：對治不發趣因——對財富和家庭的執著。
二、忍辱和精進：對治雖已發趣復退還因——邪行和厭倦。
三、禪定和般若：對治雖已發趣不復退還而失壞因——散亂和愚痴。

可見，從要對治的過失有六種，故而確定了波羅蜜有六種之數。

另外，從成就佛陀四種功德的角度來看，也可以將其定為六種：
一、前四波羅蜜：成就心不散亂之因。
二、第五波羅蜜（禪定）：得不散亂。
三、第六波羅蜜（般若）：知真實義。
如此，最終能獲得十力等諸功德。

◇◇ 波羅蜜，是什麼？

所依事及處，善巧迴向淨，六德善所成，四性善亦然，
離七著為善，三輪清淨慧，攝持諸善行，波羅蜜體性。

根據《攝大乘論》，波羅蜜多具有六種殊勝特質：
一、所依最勝，因為以菩提心為基礎。
二、事最勝，它隨時存在。
三、處最勝，它關注於一切有情的福祉。
四、方便善巧最勝，它有無分別智的支持故三輪體空。
五、迴向最勝，它都迴向無上正覺。
六、清淨最勝，它能淨化煩惱障與所知障。

所以「具備這六種殊勝特質的善根」就是此處所說的「波羅蜜」之定義。

有些人認為：「『具備這六種殊勝特質』就是波羅蜜多的定義。」但這種說法有過於廣泛的過失。例如，初地菩薩雖具備這六種特質，但他並非就是波羅蜜多本身。否則，初地菩薩就應該是道或究竟果位中的任一種，然而，這顯然不合理。

另一種定義是：「具備四種特殊性質的善根」才是此處所說的波羅蜜多：
一、能治伏障礙。
二、能和合於無分別智。
三、能圓滿一切眾生的願望。
四、能令眾生在三乘中成熟。

《大乘莊嚴經論》云：「分別六度體，一一有四相，治障及合智，滿願亦成生。」既然六個波羅蜜都具備這四種特質，所以這四種特質就是「波羅蜜」最常見的定義。

另外，佈施等波羅蜜都遠離七種執著，《大乘莊嚴經論》云：「檀離七著故，不著說七種，應知餘五度，障治七皆然。」

波羅蜜具有七種不執著的特質：
一、不執著於自身的違品（如慳吝、破戒等）。
二、不緩慢著，即不拖延而即刻行動。
三、不偏執著，即不自滿。
四、不報恩著，即不期待回報（如佈施不求對方報答，持戒不求來世福報，乃至智慧不離方便等。）
五、不果報著，即不期待異熟果報。
六、不障礙著，即不執著於習氣。
七、不散落著，即不執著於散亂。
總之，每一波羅蜜都應具備這七種特質。

另一種定義則是：「三輪體空清淨智慧所支持的佈施等善行」，也可以成為此處所說的波羅蜜之定義。《佛說佛母寶德藏般若波羅蜜經》云：「修六度行闕般若，無力不能成菩提，譬如畫像不畫眼，因無眼界無功德……首行佈施波羅蜜，次戒忍進及禪定。」

若修善時有「執著善業實存」的念頭，這些善業雖然是善業，但並非波羅蜜，《佛說佛母寶德藏般若波羅蜜經》云：「若有受行於智慧，得名有眼及有力。」帶有「實執」心態的佈施等善行屬於世間波羅蜜，有殊勝般若支持的波羅蜜則是出世間波羅蜜，

《入中論》云：「施者受者施物空，施名出世波羅密，由於三輪生執著，名世間波羅蜜多。」

世間波羅蜜雖然名為「波羅蜜」但並非真的波羅蜜，菩薩在資糧道和加行道上所修的佈施等，是波羅蜜之因或隨順波羅蜜，聖者心中的無緣慈悲等特質，有些經典則將其稱為「慈悲佈施」等四種佈施，歸入於佈施波羅蜜，其餘的心理特質則大多可以歸入禪定波羅蜜和般若波羅蜜，所謂：「具攝大乘因。」可見，大部分的大乘修行，都或直接或間接歸屬於六波羅蜜中。

二乘人沒有波羅蜜可言，而究竟的波羅蜜則專屬於佛陀，所謂：「譬如麟喻等，無波羅蜜名，唯一有世尊，常處渡彼岸。」

設問：佛經上不是說「欲學聲聞地者，當學般若波羅蜜」嗎？

這段經文是為了引導那些暫時對聲聞乘和緣覺乘有興趣的般若波羅蜜所化弟子而說。另外，聲聞、緣覺的解脫也依賴於了悟人無我和法無我，這是般若波羅蜜的一部分。就像經典中為了度化那些認為成佛需要很長時間而退轉的二百天子，而強調即使想要快速脫離輪迴，也應該發菩提心。

可見，每個「名詞」都可以有無數的定義：只要對方還沒有在某個事例上，認定某個「名詞」和其「定義」之間的關係，我方就需要繼續給出定義，促使對方理解。相對的，一旦對方理解了，就不再需要提出更多的定義了。

所以，《量理寶藏論》所說：「法相若以二安立，名相亦應成二體。」的說法，對於智者來說是不恰當的：定義是指「義」、名詞則是「名稱」，一個義本來就可以有無數的名稱，這在修辭學上非常常見；同理，一個「名詞」也可以用許多「意義」來解釋，比如「法界」可以用「遍滿」、「不可得」、「空性」、「不變」等無數方式來解釋一般。

另外，四大宗派各自對「二諦」都有不同的定義，若按照《量理寶藏論》的邏輯，不就會產生「因此存在四種二諦」的矛盾了嗎？

◇◇ 波羅蜜，怎麼排？

因果及優劣，粗細因六類。

六波羅蜜的順序次第可以從三個角度來理解：

一、因果次第：若能不執著身體和財物而行佈施，就能持守戒律，即使遇到了生命危險也不犯戒，也因此能修習忍辱，故必然會精進，從精進生起禪定，由禪定使心完全解脫。

二、優劣次第：六波羅蜜中，前者相對低劣，後者相對殊勝。

三、粗細次第：前者相對粗糙且容易修持，後者相對微細且難以修持，《大乘莊嚴經論》云：「前後及下上，麁細次第起。」

◇◇ 「波羅蜜」？

能登彼岸故。

「波羅蜜」這個詞的含義是「到達彼岸」或「超越」，這是因為大乘的善行能夠勝過世間和小乘的善行，超越了它們或者說包含了它們。這就像涅槃被稱為「到達輪迴的彼岸」一樣。

具體來說，六波羅蜜的梵文詞源和涵義如下：

一、佈施（दान），意為捨棄貧窮。

二、持戒（शील），意為獲得清涼。

三、忍辱（क्षान्ति），意為忍耐憤怒。

四、精進（वीर्य），意為致力於最高目標。

五、禪定（ध्यान），意為集中心智。

六、般若（प्रज्ञा），意為了知真理。

《大乘莊嚴經論》云：「除貧亦令涼，破瞋與建善，心持及真解，是說六行義。」

◇◇ 波羅蜜，怎麼修？

物思維及心，方便勢力五：
因報願數等，四種物依止。
信味及隨喜，希望四思維。
無厭廣勝喜，勝不染善淨，
六種心依止，方便依止一。
身行說三種，即勢力依止，
共十八種相。

波羅蜜的修行基礎可分為四類：

一、物依止四種：

（一）依止種性力的成熟。

（二）依止殊勝的果報身。

（三）依止過去清淨的願力。

（四）依止自己的分析力。

二、思維依止四種：

（一）思維上深信深奧的佛法。

（二）思維上深信六波羅蜜有信心並付諸修行。

（三）思維上隨喜他人的六波羅蜜修行。

（四）思維上歡喜於自己與他人未來的六波羅蜜修行。

三、心依止六種：

（一）無厭心，即是無數劫中，利用無量肉身及七寶佈施無量佛土，仍不滿足。

（二）廣大心，即在無量劫中，以無量身在充滿大火的三千大千世界中行住坐臥，都是修行無量波羅蜜。

（三）勝喜心，即因如此不間斷的心態與修行，所產生的「利他之喜悅」來超越自我的驕傲。

（四）勝利心，即視眾生為成就菩提的助伴，認為受益的是自己。

（五）不染心，即不期待回報或果報。

（六）善淨心，即將所有如此產生的功德都迴向眾生。

四、方便依止一種：

即以三輪體空之智慧支持一切善行。

五、勢力依止三種：

（一）身勢力，即獲得自性身和報身。

（二）行勢力，即能示現化身教化眾生。

（三）說勢力，即能無礙宣說六波羅蜜。

因此《大乘莊嚴經論》云：「物與思及心，方便並勢力，當知修六行，說有五依止。」世親在解釋此文時，具體提出了上述十八個細目。

◇◇ 波羅蜜，有哪些？

廣分二千一，三毒等分故，八千四百度，十倍八萬四，
咒才定等數，攝六度各分，六相或三相，或依六度數，
體因果業行，各分為六相。

據《賢劫經》所說，波羅蜜可分為以下幾類：未發菩提心的佈施等善行是「習進行法波羅蜜」，已發菩提心的佈施等善行是「光曜波羅蜜」，關注於眾生的佈施等善行是「世間波羅蜜」，非為菩提而為利他的佈施等善行是「為眾生故行波羅蜜」，安住無生法忍而修的佈施等善行是「住波羅蜜」，無所取的「有滅度波羅蜜」，傳布舍利的「有變化波羅蜜」，說法供養等「流布教波羅蜜」和供養舍利等「分舍利波羅蜜」共有三百五十種，每種又以六波羅蜜相乘，共得二千一百種，這些都是對應各種「貪欲妄想」的對治。

同樣地，對治瞋恨、愚痴和三毒等妄想也各有二千一百種，故總

共成為八千四百種波羅蜜。每一種又可細分為十種，因此成為八萬四千種波羅蜜，及與其等數的法門、陀羅尼和三昧門。

這些波羅蜜可以歸納為：

第一組：習進行法波羅蜜、光曜波羅蜜、世間波羅蜜、為眾生故行波羅蜜、住波羅蜜、生死波羅蜜、有所著波羅蜜、益他人波羅蜜、所處波羅蜜和道波羅蜜。

第二組：慧、波羅蜜、已修立行波羅蜜、有逮得波羅蜜、有念波羅蜜、有離三世波羅蜜、有所業波羅蜜、休息波羅蜜和有不置遠波羅蜜。

第三組：有應慎波羅蜜、有造作波羅蜜、有無作波羅蜜、有意波羅蜜、有勤修波羅蜜、有正真波羅蜜、有健波羅蜜、有深奧波羅蜜、有雜波羅蜜和有清淨波羅蜜。

第四組：有無際波羅蜜、有信波羅蜜、有為眾生故行波羅蜜、有法故波羅蜜、有寂樂波羅蜜、有樂觀察波羅蜜、有一切所入波羅蜜、有說處波羅蜜、有無害波羅蜜、有無敗波羅蜜和有貧波羅蜜。

第五組：有不迴還波羅蜜、有迴轉波羅蜜、有嚴淨波羅蜜、有堅強波羅蜜、有興成波羅蜜、有充滿波羅蜜、有為世波羅蜜、有度世波羅蜜、有無上波羅蜜和有不亂波羅蜜。

第六組：有無怨波羅蜜、有怨敵波羅蜜、有攝持波羅蜜、有無攝波羅蜜、有報應波羅蜜、有無報波羅蜜、有自然波羅蜜、有無所有波羅蜜、有廣普波羅蜜和有華波羅蜜。

第七組：有無量波羅蜜、有慕求波羅蜜、有所厭波羅蜜、有妙樂波羅蜜、有無樂波羅蜜、有聞持波羅蜜、有生死長波羅蜜、有無斷波羅蜜、有樂純熟波羅蜜和有禪波羅蜜。

第八組：有神通波羅密、有世巧便波羅密、有慈愍護波羅密、有行哀波羅密、有歡喜波羅密、有勸邪正見波羅密、有勸住無住見波羅密和有勸無猗波羅密。

第九組：有勸意波羅密、有勸忍波羅密、有造無造業波羅密、有無餘波羅密、有佛興盛波羅密、有明波羅密、有時住明波羅密、有成就波羅密、有意不忽波羅密和有佛立家波羅密。

第十組：有出家來波羅密、有愍哀博聞來波羅密、有出家不斷戒波羅密、有住神通波羅密、有神通意不斷波羅密、有入欲波羅密、有立波羅密和有應波羅密。

第十一組：有眾報無報波羅密、有無樂波羅密、有時進波羅密、有光明無量光波羅密、有報安光波羅密、有不迴還波羅密、有娛樂波羅密、有鮮潔波羅密、有成世法波羅密和有淨世波羅密。

第十二組：有成種波羅密、有成眷屬波羅密、有不壞眷屬波羅密、有除塵來淨波羅密、有觀土波羅密、有宣誓波羅密、有無逸波羅密、有周旋波羅密、有滅度波羅密。

第十三組：有豪貴波羅密、有理眷屬波羅密、有無所忘失波羅密、有三十二相波羅密、有順時波羅密、有知時波羅密、有分別世波羅密、有順世波羅密和有邊際波羅密。

第十四組：有蠲除波羅密、有金剛波羅密、有造救波羅密、有自然波羅密、有伏魔波羅密、有無退波羅密、有一時波羅密、有無所著波羅密、有三昧波羅密、有訓誨波羅密、有佛道波羅密和有一切智波羅密。

第十五組：有無餘有餘波羅密、有可止波羅密、有諸佛波羅密、有方便波羅密、有愁慼波羅密、有真陀波羅密、有異波羅密和有四意斷波羅密。

第十六組：有四神足波羅密和有四禪波羅密。

第十七組：有四意止波羅密和有四諦波羅密。

第十八組：有五根波羅密和五力波羅密。

第十九組：有七覺意波羅蜜和八品道行波羅蜜。

第二十組：有寂然波羅蜜、有觀波羅蜜、有樂明波羅蜜和有來解脫波羅蜜。

第二十一組：有比丘聖眾波羅蜜、有八部會波羅蜜、有分別波羅蜜、有繫解法波羅蜜、有分別順理波羅蜜、有辯才波羅蜜、有無厭波羅蜜、有佈施波羅蜜、有持戒波羅蜜、有忍辱波羅蜜和有精進波羅蜜。

第二十二組：有禪定波羅蜜、有般若波羅蜜、有眼耳鼻口身心波羅蜜、有愍他勸助波羅蜜、有愍已波羅蜜、有法波羅蜜和有宣波羅蜜。

第二十三組：有剖伴波羅蜜、有勸樂波羅蜜、有三解脫門波羅蜜、有異行波羅蜜、有解他波羅蜜和有勤用意波羅蜜。

第二十四組：有十種力波羅蜜、有四無所畏波羅蜜和有大哀波羅蜜。

第二十五組：有五眼波羅蜜。

第二十六組：有自在波羅蜜、有娛樂波羅蜜、有難得自歸波羅蜜和有十八不共諸佛之法波羅蜜。

第二十七組：有曉了方便波羅蜜、有純熟波羅蜜、有自然波羅蜜、有三界行波羅蜜、有觀清白行波羅蜜、有法種波羅蜜、有八等波羅蜜：有道跡、往來、不還、無著等波羅蜜、有緣覺波羅蜜。

第二十八組：有菩薩波羅蜜、有盡慧波羅蜜和有無所生慧波羅蜜。

第二十九組：有建立慧波羅蜜，有天眼、天耳、心知、自在見過世事、知他人念、神足、漏盡、六通等波羅蜜、有威儀波羅蜜和有愍傷波羅蜜。

第三十組：有行空波羅蜜、有捐捨波羅蜜、有滅度波羅蜜、有變化波羅蜜、有流布教波羅蜜和有分舍利波羅蜜。上述每一條又都可以又分出六種波羅蜜。

關於這一點，《賢劫經》中具體提到了細分的「二千一百」種波羅蜜，這是為了對治「貪欲」而說之法。同樣地，對治「瞋恨」、「愚痴」和「三毒等分」也有兩千一百種，共有八千四百種波羅蜜。

經中又說，這些波羅蜜又可以再細分十種，總共有八萬四千種波羅蜜，而三昧門和陀羅尼也是同樣的數量。這表明，基本的波羅蜜有三百五十種，乘以六就得到二千一百種，即二十一個一百，再乘以四就得到八千四百種。

雖然基本的波羅蜜應該有三百五十種，但現存的經典中只能找到三百零四種左右。這可能是因為經典結集的缺失或抄寫錯誤而導致的。如果能找到更完整的版本，應該再次補充。

另一種解釋是，每一波羅蜜（如佈施等）又可以分為內部的六種。例如：佈施波羅蜜可以分為佈施的佈施、持戒的佈施等，直到般若的佈施。同樣，不被各個波羅蜜的違品染污，是各波羅蜜的持戒，忍受「佈施」的困難到忍受「般若」的困難則各自的忍辱，精進是精進於各個波羅蜜，因此攝心不散亂於各個波羅蜜是禪定，三輪清淨看待各波羅蜜是般若。如此，每一波羅蜜又分為六種，總共成為三十六種。《現觀莊嚴論》云：「由彼等別別，皆攝施等六，故披甲修行，六六如經說。」

每一個波羅蜜又可分三種。佈施有三：財施、無畏施、法施。持戒有三：攝律儀戒、攝善法戒、饒益有情戒。忍辱有三：耐他怨害忍、安受眾苦忍、法思勝解忍。精進有三：擐甲精進、加行精進、無厭足精進。禪定有三：現法樂住禪、引功德禪和饒益有情禪（或依《楞伽經》分：一、凡夫所行禪。二、觀察義禪。三、念真如禪。）

般若三種，據《攝大乘論》云：一、無分別加行慧。二、無分別慧。三、無分別後得慧。《大乘莊嚴經論》則分成：一、世間智慧。二、二乘智慧。三、大乘智慧。或可分為：一、世俗智慧。二、勝義智慧。三、利他智慧，或可分成聞所生慧、思所生慧和修所生慧。又可分為：世間智慧、出世小智慧、出世大智慧。每個波羅蜜又都有六個層次的意涵：

佈施波羅蜜：

一、本質：施予所需。

二、因：無貪之心。

三、果：成就良好肉身與財富。

四、業：攝受自己與他人。

五、相應：無慳之心等功德。

六、品類：法、財、無畏三種。

《大乘莊嚴經論》云：「施彼及共思，二成亦二攝，具住不慳故，法財無畏三。」

持戒波羅蜜：

一、本質：具足「具戒」到「受學諸學足」的六支。

二、因：求涅槃。

三、果：來世往生善道、此生得穩定之心。

四、業：能持功德、能靜煩惱、無畏罪惡。

五、相應：福聚具足。

六、品類：受得戒與法得戒。

《大乘莊嚴經論》云：「六支滅有邊，善道及持等，福聚具足故，二得為二種。」

忍辱波羅蜜：

一、本質：具足「不報」、「耐」和「智」的三支。

二、因：「大悲」、「受戒」和「多聞」。

三、果：經中提到：「忍得五種果：一得少憎恢。二得不壞他意。三得喜樂。四得臨終不悔。五得身壞生天。」又如經云：「作彼二義，自利利他，若知他瞋，於彼自息。」

四、業：自利與利他。

五、相應：一切難行中的最勝。

六、品類：生得忍、定得忍和法性得忍。

《大乘莊嚴經論》云：「不報耐智性，大悲及法依，五德並二利，具勝彼三種。」

精進波羅蜜：

一、本質：勤勇行善。

二、因：依強烈的信心和渴望。

三、果：增長「念」和「定」等功德。

四、業：對治煩惱。

五、相應：具有三毒不生之善。

六、品類：戒學精進、定學精進、慧學精進、身心精進、無間精進和尊重精進等共七種。

《大乘莊嚴經論》云：「於善於正勇，有信有欲故，念增及對治，具德彼七種。」

禪定波羅蜜：

一、本質：心一境性。

二、因：「念」與「精進」。

三、果：「樂」。

四、業：自在掌握「神通」等功德。

五、相應：如經中說：「三摩提者諸法上首故。」

六、品類：俱喜、俱樂、俱捨。

《大乘莊嚴經論》云：「心住及念進，樂生亦通住，諸法之上首，彼種三復三。」

般若波羅蜜：

一、本質：分析現象。

二、因：定持。

三、果：解脫。

四、業：慧命及善說慧命。

五、相應：如經中說：「般若者一切法中上故。」

六、品類：世間智、出世間智、大出世間智及出世間智所依。

《大乘莊嚴經論》云：「正擇與定持，善脫及命説，諸法之上首，彼亦有三種。」

◇ ◇ 波羅蜜，收到哪裡？

定亂及兼善，相應及因果，萬善歸六度，即二資糧性。

一切鮮白善法可歸納於定善與亂善兩類中，所有的亂善都歸屬佈施和持戒，定善都歸納於禪定和般若，定亂俱善則屬安忍或精進。所以一切善法總歸六度，《大乘莊嚴經論》云：「一切白淨法，應知亂定俱，六度總三雙，是類皆悉攝。」

《攝大乘論》則主張，「信」和「力」等善法都是波羅蜜的「相應」、「因」或「果」，所以一切善法統歸六度；而六波羅蜜中：佈施、持戒屬福德資糧，般若屬智慧資糧，其餘三種波羅蜜通於二資糧，所以六波羅蜜歸納於二資糧中。《大乘莊嚴經論》云：「初二為福體，第六即是智，餘三二聚因。」

◇◇ 波羅蜜，天敵是誰？

障礙總歸於，惑障及智障，細分慳等六。

二障的細節中，慳吝、失壞、憤怒、懈怠、放逸、偏執等都是煩惱障，而「三輪觀念」則是所知障，《無上續》云：「凡俗的偏執就是所知障、凡俗的慳吝等心態則是煩惱障。」

◇◇ 波羅蜜，有什麼好處？

廣大無染著，利他及不盡，施等各四德，共富能利他，
施得大受用。戒得生善趣，忍得妙相眷，進得威速力，
定脫諸欲染，智通定圓滿，慧知一切法，超越有寂界，
不具諸度過，反之為缺失。

六種波羅蜜各具四種功德，若概說之：

一、廣大功德：

一、佈施：如願施予。

二、持戒：攝律儀戒的功德是「戒」、後二律儀的功德是「精進常取」和「精進常捨」。

三、忍辱：於一切害心無所動。

四、精進：具足「擐甲」和「加行」二種大精進。

五、禪定：具足如「首楞嚴三昧」等無量三昧。

六、般若：通達勝義、世俗的一切。

二、無染功德：

一、佈施：不求報恩及異熟果。

二、持戒：不求生天，就算生天也無貪著。

三、忍辱：不顧生天、報恩、恐懼或利益。

四、精進：摧破自他煩惱。

五、禪定：雖處於禪定中仍以悲心投生下界。

六、般若：無所執著輪迴或涅槃。

三、利他功德：

透過各種波羅蜜，引導眾生走向三種菩提。

四、不盡功德：

每一波羅蜜都為般若和大悲支持，故力量無盡、連無餘涅槃都無法限制。

《大乘莊嚴經論》云：「廣大及無求，最勝與無盡，當知一一度，四德悉皆同。」

該論又深入地細分了六波羅蜜的各種利他功德：「恒時捨身命，離求愍他故，因施建菩提，智攝施無盡。恒時守禁勤，離戒及善趣，因戒建菩提，智攝戒無盡。恒時耐他毀，離求畏無能，因忍建菩提，智攝忍無盡。恒時誓勤作，殺賊為無上，因進建菩提，智攝進無盡。恒時習諸定，捨禪下處生，因定建菩提，智攝定無盡。恒了真餘境，佛斷尚不著，因智建菩提，悲攝智無盡。」

◇◇六種波羅蜜，共構你我的幸福人生

一、佈施特有的四種利益

這還包括：消除自己與他人的貧乏、常得豐盛的資財果報、成熟眾生並得到菩提。《佛母寶德藏般若波羅蜜經》云：「菩薩佈施濟貧乏，令得富盛度苦惱，果報永滅餓鬼趣，及得斷除諸煩惱。」《勸誡王頌》云：「知財體非固，如法施苾芻，貧賤及再生，來世為親友。」《入中論》云：「彼諸眾生皆求樂，若無資具樂非有，知受用具從施出，故佛先說佈施論。」

佈施能攝化他人，引導他們修行；佈施既為四攝法中之首，經典上又提到佈施能成熟苦難眾生。佛陀初轉法輪時，在場的五比丘是他過去世生為烏龜時所無畏施的五個商人；另外的八萬天眾，則是他過去身為菩薩時捨身佈施的八萬蟻群。從本生故事中，我們可以看到佛陀無量生世中，都以佈施引攝眾生。

修行佈施更有助於快速覺悟，因為佛陀一切的功德都是六波羅蜜圓滿之果：〈菩薩藏會〉云：「如斯善捨獲廣大，菩提解脫未為難。」《寶雲經》云：「檀是菩薩能除慳貪嫉妬之垢。」《瑜伽師地論》云：「如是菩薩圓滿施波羅蜜多已，能證無上正等菩提。」《瑜伽師地論》云：「施飲食能感大力，施諸衣服能感妙色，施諸車乘能感快樂，施諸燈明能感淨眼。」描述的是財施之

利益，《寶行王正論》云：「無畏施救怖，諸魔不能害，成就最大力。」描述的是無畏施的利益。《寶行王正論》云：「佈施聽聞法，或不障他聞，疾得如所愛，與佛相值遇。」描述的則是法施的利益。

二、持戒的利益

這包括得到善道肉身、建立一切功德的地基、心生三昧、心願成就、人天恭敬等共五種利益，究竟上來看則得成佛果。《佛母寶德藏般若波羅蜜經》云：「持戒遠離畜生趣，捨八非念得正念。」〈菩薩藏會〉云：「舍利子！是諸菩薩摩訶薩行尸羅波羅蜜多時，具足如是清淨戒故。無有人、天諸妙快樂是諸菩薩而不受者。」《無愛子請問經》云：「若菩薩成就如是持戒，謂不失於轉輪王位，既在是位不生放逸。不失帝釋既得是處不生放逸。」

其次，持戒能建立一切功德的地基。《勸誡王頌》云：「眾德依戒住，如地長一切。」《入中論》云：「是故勝者說施後，隨即宣說尸羅教，尸羅田中長功德，受用果利永無竭。」

第三、持戒能培育三昧，《月燈三昧經》云：「速得勝三昧，住於淨戒聚。」所謂：「定因唯戒無有他。」

第四、持戒能滿足心願，《父子合集經》云：「清淨持戒者，所願皆得成。」

第五、持戒受人天恭敬，《無愛子請問經》云：「菩薩成就如是戒聚，諸天常禮、諸龍宗敬、夜叉常供、諸乾闥婆亦常供養，婆羅門、長者、居士皆尊重之，智者常趣諸佛常念，諸天世人常師事之。」究竟上，若圓滿持戒波羅蜜則必然成佛。

三、忍辱的利益

這包括：外貌莊嚴、眷屬眾多，忍辱是最勝的苦行，所以忍辱者能得到安樂與究竟的覺悟。忍辱者能在外貌上有極大的莊嚴，《佛母寶德藏般若波羅蜜經》云：「忍辱當得最上色，如金世間悉愛樂。」佛經上提到其能因此身色光亮、見者歡喜，本論云：「若能世世練習忍辱，其結果是美貌、健康、美名、長壽，身心都如轉輪聖王一般安樂。」《佛母寶德藏般若波羅蜜經》云：「一切眾生悉愛樂。」本論云：「沒有任何善行難於安忍之善……努力於消滅自心中的瞋念者，現世和來世都能享有安穩。」廣大而無量的忍辱，能夠產生正等覺之果報，所以修行忍辱能讓菩薩得到無上正等正覺。

四、精進的利益

這包括：輪迴時得安樂、增長一切善業功德、超越薩迦耶見並快速成佛，《大乘莊嚴經論》云：「現樂與世法。」《佛母寶德藏般若波羅蜜經》云：「精進善法獲無邊，所有功德不可盡。」本論云：「好比沒有風吹時則燈不動搖，缺乏勤懇則福德難增長。」《大乘莊嚴經論》云：「增減及增上，捨障亦入真，轉依與大利，六說精進種。」

《海意菩薩所問淨印法門經》云：「所起精進無有休息，而諸菩薩即於阿耨多羅三藐三菩提不為難得。」〈富樓那會〉云：「常行精進者，菩提則不難。」

更具體來說，精進還有六種利益：一、勝：精進是一切善法最勝。二、因：精進對一切善法來說不可或缺。三、業：身心安樂心想事成。還有依止、種類和對治等方面的利益，《大乘莊嚴經論》云：「勝因依業種，對治等異故，如是六種義，精進有差別。白法進為上，進亦是勝因，及得諸善法，進則為依止。」

所謂的「種類」，根據《大乘莊嚴經論》云：「種復有五異，弘誓將發行，無下及不動，第五說無厭。」可分成：弘誓精進、發行精進、無下精進、不動精進和無厭精進五類。

所謂的「依止」，根據《大乘莊嚴經論》云：「三種下中上，由依三乘爾，亦二下上覺，利有小大故。」聲聞之精進為下、獨覺之精進為中、大乘的精進為上，或二乘的精進較鈍、較緩且目標短淺，大乘的精進較利、較廣和目標遠大。

另外，為了對治：一、財著。二、煩惱著。三、厭著。四、知足著。所以有四種精進，《大乘莊嚴經論》云：「財著煩惱著，厭著知足著，四著不能退，對治分四種。」

五、禪定的利益

這包括停止放逸、心生神通與智慧、摧毀一切煩惱、培育悲心、暫時得到離欲的天身，終究快速覺悟。《佛母寶德藏般若波羅蜜經》云：「修行禪定離五欲。」《菩提道燈論》云：「若未成就止，不能起神通。若離神通力，不能利有情。」《勸誡王頌》云：「缺定慧便溺。」《佛說佛母寶德藏般若波羅蜜經》云：「從等持得神通明。」《入中論》云：「有止諸勝觀，能滅諸煩惱。」《佛說法集經》云：「得三昧故得如實知，以如實知故，菩薩於一切眾生生大慈悲。」

六、般若的利益

這包括引導一切善根成為涅槃善根、超越三界、成熟一切善業之果、發生一切善樂並速得覺悟。《佛說佛母寶德藏般若波羅蜜經》云：「無量盲人不見道，無一得入於城郭，修六度行闕般若，無力不能成菩提。譬如畫像不畫眼，因無眼界無功德，若有受行於智慧，得名有眼及有力。有為無為黑白法，如微塵等不可得，智慧觀照如虛空，故名般若出世間。」《入中論》云：「如有目者能引導，無量盲人到止境，如是智慧能攝取，無眼功德趣勝果。」

般若能斬斷輪迴之根本。《佛母寶德藏般若波羅蜜經》云：「慧了諸法本來因，佛知三界諸過咎。」《釋量論》云：「空見得解脫，餘修即為此。」一切善行都是為了發生般若，本論云：「前述的要點，都是覺者為了讓弟子得以發起智慧而說。」《佛母寶德藏般若波羅蜜經》云：「佛及聲聞緣覺等，天及世間安隱法，皆從般若之所生。」般若能讓行者快速成佛，《文殊師利說般若會》云：「文殊師利！如般若波羅蜜中所說行，能速得阿耨多羅三藐三菩提。」

◇◇沒有波羅蜜，一切都是黑白的

若不具備佈施波羅蜜，則會因此身陷貧困，無法自利利他。《佛說佛母寶德藏般若波羅蜜經》云：「或起嫉妬生鬼趣，或得為人處貧賤。」《根本說一切有部毘奈耶皮革事》記載：「是時餓鬼而說頌言：『我曾罵詈常瞋恚，慳吝惜財不與人，亦不曾行於佈施，緣此業故生餓鬼。』」所謂：「不施者無財，難攝眾有情，何況得菩提？」

若不具備持戒波羅蜜，將會讓人墮落惡道、難以接觸佛法且無法解脫。《入中論》云：「失壞戒足諸眾生，於惡趣受佈施果。」《具足尸羅經》亦云：「猶如無眼不見色，無戒之人不見法……猶如無腳難行道，如是無戒難解脫。」

若不具備忍辱波羅蜜，會因為憤怒而摧毀善根，因為常懷瞋恨而痛苦、親友厭煩、魔軍得便，難以覺悟。〈菩薩藏會〉云：「夫忿恚者，速能損害百千大劫所集善根。」本論云：「執著瞋恨之心念炙痛如受火燒，既不會平靜也難以產生真正的喜樂，其煩躁感更會讓人難以成眠……縱然慈憫地分享利益給親近自己的人，但若時常動怒，對方反有可能恩將仇報……總之，若心常有瞋念，就無法感受到安樂與清涼。」〈菩薩藏會〉云：「起忿恚心魔得其便。」《佛母寶德藏般若波羅蜜經》云：「瞋怒離忍難成佛。」

若不具備精進波羅蜜，會因為喜愛惡業的懈怠無法利他、難得覺悟。《海意菩薩所問淨印法門經》云：「無懈怠者能集智慧，無懈怠者能行自利，無懈怠者而能利他。」

若不具備禪定波羅蜜，會因為放逸而受煩惱迫害，無法利他並難以發生智慧。本論云：「因為心思渙散的人，如住在煩惱巨獸的利齒之間，危險萬狀。」《菩提道燈論》云：「若未成就止，不能起神通。」《勸誡王頌》云：「缺定慧便溺。」

若沒有般若的支持，就如同修行道上的盲人一般。《佛母寶德藏般若波羅蜜經》云：「修六度行闕般若，無力不能成菩提。」若有般若的支持，其一切善業才會成為「波羅蜜」，《入中論》云：「如有目者能引導，無量盲人到止境。」

◇◇ 波羅蜜，還有什麼？

一一皆攝六，一一能分六，引申及關聯，一一相成故，定為六或一。

從世俗與勝義的兩個層面上，每個波羅蜜都包括了六波羅蜜，波羅蜜之間互相含攝，每個波羅蜜也都分成六種。當佛經中提到「佈施」時，其實也是間接地指出了其他波羅蜜，這是應有之義。

當修行者因為佈施而不顧自己的身體與資財，必能圓滿持戒、必能不執身財，可見它們是環環相扣的；所以光是提到「佈施」或「般若」，都必然包括了其他所有波羅蜜。

每一個煩惱的對治都可以分成六個層面，故每一個煩惱的對治都有六波羅蜜，所以六波羅蜜是互相歸納又互相分層的。《大乘莊嚴經論》云：「相攝及差別，依法亦為因，六度互相成，一切種分別。」

另外，《解脫莊嚴論》還提到了「淨化」與「增長」的方式：首先，「增長」指的是若修行人理解「佈施者」、「佈施對象」和「佈施的行為」都如幻象，依此類推去看待每個波羅蜜的行動者、對象和行為都不實存，這就是「有智慧」地修波羅蜜，能夠使波羅蜜善行更加卓越、超越世間。

若修行人為了一切有情而佈施，佈施時毫無執著，最後不求果報，這是用「般若力」增長佈施之果，其福德更繁多廣大；若為一切有情迴向善根給菩提，會因此「迴向力」而讓福德再增長無量無盡，這三種力量（智慧力、般若力、迴向力）能使善業增長廣大。《佛說大乘菩薩藏正法經》記載：「舍利子：隨力少施即得一切可愛樂果，又復智者菩薩以增上智力多作勝利，何以故？慧力廣大故，所作無量迴向力故。」《佛母寶德藏般若波羅蜜經》云：「如是行施無所著，亦復不求於果報，名大智者為一切，施因雖少果無量。」《瑜伽師地論》云：「斷滅能生欣樂邪果之見，諸所行施一切迴向無上菩提。」〈無盡意菩薩品〉云：「舍利弗！譬如天雨一滴之水墮大海中，其滴雖微終無減盡，菩薩善根願向菩提亦復如是，無有減盡。」如此就能修煉一切波羅蜜。

其次，淨化是用空性的觀念來付諸修行，使一切善根都不會成為輪迴之因，並輔以慈悲的支持，使其不成為小乘之因，這就是慈悲與空性的並行，會使一切善根「只能成為」涅槃之因，此即淨化的方式，《集學論》云：「大悲空藏自性，清淨受用福聚。」

何謂這裡所說的空性呢？〈寶髻菩薩會〉云：「當以四印而行佈施，何等為四？內色身空性印、外受用空性印、心有境空性印、法菩提空性印。當印如是四印而行佈施。」修行人應以此態度理解一切波羅蜜，運用在持戒等外在的方面。慈悲，則是難忍他人之苦的心態，它是一種純然不顧自身安樂的態度。

上述介紹了波羅蜜的概論。

◇◇淺談佈施波羅蜜的「不放逸」

捨思物境法，染污兩種思，損他求名聲，競爭求報答，
是為邪心思。求輪迴享樂，迴二乘劣心，酒毒器害食，
網獵咒幻術，咒詛之邪物，即染污之物。魔擾魔所纏，
醉狂乞肉身，飽滿求飲食，無信聞正法，是為不淨田。
不悅怒輕蔑，打罵久不敬，遠施不淨法，皆為應捨棄。
反之為清淨，悲心護眾生，行施為菩提。親疏利眾生，
無害唯利益，是清淨事物。菩薩善方便，無有不可捨，
三寶師德田，父母師恩田，苦難無依田，怨敵損害田，
四種勝福田。總曰諸眾生，喜見佈施境，含笑讚善來，
恭敬具禮節，速以手親授，無害應時與，歡喜無追悔，
迴向大菩提，此淨施方便，圓滿諸加行。穀財寶嚴衣，
車乘宅舍地，一切外事物；自身內財物，妻兒內外物，
除今生父母，一切皆可施。出家菩薩僧，施三衣以外，

分施所乞食，書寫傳正法，主施稀有法。悲護救困於，
敵賊與盜匪，水火獸病苦。求法說法者，敬心無貪著，
淨信具慈悲，說者行清淨，隨機說正法，此為施中最。

◇◇◇第一次佈施就上手

首先，我們要避免「不清淨佈施」——包括動機上有誤，或因比較心態、或追求名聲、或為了傷人而佈施、或是追求世間的財富、二乘的成就等等的「下等佈施」，這都屬於不清淨佈施。細論之：

首先是「心態不清淨」。《瑜伽師地論》云：「又諸菩薩不損惱他而行惠施，謂不訶罵捶打恐怖毀辱，縛害拘禁，斫刺驅擯於此而施於彼……又諸菩薩不依世間名聲讚頌而行佈施……亦復不為較量而行惠施……又諸菩薩不為怖畏自身貧窮而行佈施。」

其次，「物品不清淨」，指的是佈施的所有物是直接或間接從他人處搶奪而來，或是佈施的是武器、陷阱等有害物，都應避免；所應佈施的，是有益於對方的事物，《寶行王正論》云：「毒亦許施彼，若此能利他，甘露不許施，若此損害他，若蛇嚙人指，佛亦聽則除，或佛教利他，逼惱亦可行。」

佈施時，不能把父母當成禮物送人，也不能把他們當成抵押品。即使是自己的妻兒，如果他們不願意，也不能勉強把他們送給別人，這只會徒增雙方的苦惱。另外，如果我們有很多好東西，卻只給別人一點點或者質量差的，這也不算是好的佈施。

第三，「對象不清淨」—— 包括魔神或者被魔附身的人，他們可能會傷害你的身體；若有瘋子或者暴徒索求身體，也不應佈施，因為他們並不是真正需要，佈施給他們只會是浪費。同理，對於富人不需要佈施金錢、對於飽食之人也不需要佈施飲食，恰如《本生鬘》云：「不願濟貧者本質上就是不樂於佈施的，而對有水之人佈施水又有何益？」

第四，「方法不清淨」，佈施時不應帶著不悅、憤怒或者煩躁的情緒，不要輕視地位較低的人，也不要態度不尊重，更不應嘲笑、威脅或者欺負有求之人；反之，要將對方視為好友，用恭敬的態度和親切的話語妥當地佈施給他們東西。

◇◇◇ 成為佈施專家

我們應該追求的，是清淨的佈施。首先，清淨的佈施物包括我們的內在，即涵蓋自己身體相關的事物。《無愛子請問經》云：「若有來求手者當與之手、來求腳者當與之腳，來求眼者當與之眼、來求肉者當與之肉、來求血者當與之血……況餘財物：摩尼、穀米、金、銀、大寶、瓔珞、象、馬、車乘、國城、王宮、男、女、妻妾、奴婢、眷屬。」

佈施者的身分，則如《大寶積經》云：「在家菩薩住於慈愍不惱害心，應修二施，何者為二？一者法施，二者財施。出家菩薩應修四施，何等為四？一者筆施、二者墨施、三者經本施、四者說法施。無生法忍菩薩應住三施，何等為三？所謂王位佈施、妻子佈施、頭目支分悉皆佈施。如是施者名為大施、名極妙施。」

第三，佈施的對象有四種——初學者主要應佈施（供養）給有功德或有恩惠的福田，習慣慈悲者則應佈施給受苦者、甚至是為害者。

第四，佈施時的心態，應抱持圓滿的菩提心為動機，適時地恭敬承事。《瑜伽師地論》云：「謂諸菩薩淨信而施、恭敬而施、自手而施、應時而施、不損惱他而行惠施。」

心態上，應重視：

一、信心：佈施前要感到高興，佈施時要心裡清淨，佈施後不要後悔。

二、恭敬：應帶著尊敬的態度佈施。

三、親自佈施：不應託付他人代替自己佈施，要自己親手做。

四、慎選時機：應在對方真正有需要時給予幫助。

五、不害他人：佈施時不要讓自己的家人或朋友感到難過，也不要拿偷來或搶來的東西佈施。

另外還有三個要點，《大乘阿毘達摩雜集論》云：「數數施故、無偏黨施故、隨其所欲圓滿施故。」

另外，盡力保護他人免於恐懼也是一種佈施，即「無畏施」；「法佈施」則是針對信仰佛法、尊敬佛法並希求佛法者才說法，不可對不敬佛法者說法。

另外，不應隨意說法，應先在說法前觀察適合對方的法器，才視情況而說法，《月燈三昧經》云：「若長宿請問，為求法施故，應先作是言：『我學習不廣』……說時勿倉卒，當簡器非器，觀其機器已，不請亦為說。」說法時的心態，則應是不顧名利、供養等物質，純粹地心懷慈悲而說。《大迦葉問大寶積正法經》云：「無悋說妙法，諸佛讚法施。」《佛母寶德藏般若波羅蜜經》云：「作佛功德法迴施，當為世間盡諸苦。」

說法的儀式上，《瑜伽師地論》云：「法施者，謂：無倒說法、稱理說法、勸修學處。」

說法時要觀察法器，不要對非器者恣意說法。本論云：「不應對智慧淺薄者宣說深奧的大乘教導，也不應對智慧深入者說淺薄法。」佛經上曾提到「找不到藥」較容易處理，但如果拿到錯誤的藥就更為麻煩了；同理，沒有聽過佛法是小事，但對於那些想要追求大菩提的人來說，若聽到的是聲聞乘的教法，反而是件有害的大事。

說法的方式：因為現場是天人聚集之地，為使祂們心生歡喜，故應打掃現場並善加佈置，同時擺上師子座及足凳。

說法者應先沐浴清淨、身心安靜地上坐，然後口誦伏魔咒語後，心懷菩提心，聲音緩遠地說法。聞法者則根據《本生鬘》的要求：「聽法之人要端正身心，坐在下位而心生謙和、眼神喜悅如要嚐蜜一般，心思集中、歡喜純潔，如聽從醫囑的病人一般聆聽。」

學生聽法時也要注意：

一、要放下驕傲和自負的心態。

二、要把聽聞正法看作是難得的機會，就像找到了如意寶一樣地珍貴。

三、要把說法的善知識視為佛陀。

四、聽法時要專心一意，不要分心。

五、要好好記住所聽到的文字和意思。

六、要認真思考所聽到的內容。

最後，說法者和聽法者都要把這個功德迴向覺悟。

◇◇淺談持戒波羅蜜的「不放逸」

淨心善受戒，違時速懺護，恭敬等四德。尤以攝律儀，
七種別解脫，為他菩提因。大乘攝律儀。不共菩薩戒，
如法取捨行。身勿奔跑等，暴躁粗魯行。多語銳利言，
貪求名利眾，三門不淨捨。勿貪睡眠癡，菩薩具戒者，
行皆攝善法，利他諸行為，饒益有情戒。總攝伴善友，
除苦眾苦厄，開示無知者，報恩護怖畏，除憂施資具，
法攝護他心，勝德令他喜，如法調伏眾，神通令怖喜。
精進三種戒，聞思修精進，敬事上師眾，悲心助病人，
施捨讚他德，隨喜斷輕蔑，勤於供迴願，精進護正念，
食知量護根，晚晨修瑜伽，親近善識法，觀自過立斷。
是修善護戒，增善之修行。

◇◇◇持戒？先問問自己是誰

《瑜伽師地論》云：「具四功德當知是名菩薩自性戒，何等為四？一、從他正受。二、善淨意樂。三、犯已還淨。四、深敬專念無有違犯。」這裡的受戒、護戒、持戒的共通基礎都是別解脫戒，而根據《阿毘達摩雜集論》的說法，這指的是八種戒律隨一：「比丘律儀、比丘尼律儀、式叉摩那律儀、沙彌律儀、沙彌尼律儀、鄔波索迦律儀、鄔波斯迦律儀及近住律儀。」

《瑜珈師地論》則是主張七種戒律隨一：「律儀戒者：謂諸菩薩所受七眾別解脫律儀，即是：苾芻戒、苾芻尼戒、正學戒、勤策男戒、勤策女戒、近事男戒、近事女戒，如是七種依止在家、出家二分。」

當這些別解脫戒在受戒的當下有利他的菩提心態，或是受戒後心生菩提之心，都會使此戒律成為菩薩的「攝律儀戒」，即「大乘別解脫戒」。

具體來說，斷五惡的是居士、暫時持守八支的是近住律儀。粗斷十惡是沙彌，守一切戒的是比丘。然後又從這四類中依「性別」而分出七眾，式叉摩那在實務上則屬於沙彌一類。《俱舍論》云：「受離五八十，一切所應離，立近事近住，勤策及苾芻。」

首先，《居士八誡儀》說：「終生離殺生，偷盜及邪淫，妄語及飲酒。」終生守持這五條戒律是「圓滿居士」。其中：

一、守持任何一條稱為一分行者。
二、守持兩條或三條稱為少分行者。
三、守持四條稱為多分行者。
四、若在五戒基礎上加上禁慾，稱為梵行居士。

這是迦濕彌羅說一切有部承認的五種居士，經部以上則主張另外兩種居士：
五、只受三皈依的持三皈居士。
六、終生受八關齋戒的居士、即「官居士」，如大悲王子。
雖然他們都是在家人，但官居士為了持戒、可以稍微現出家相，坐在僧團末席。

其次，八關齋戒主要是居士在吉祥日受持的齋戒，非居士的在家人也可受持，佛經上記載了不少外道受齋戒的相關故事。守持的內容是：居士五戒的「邪淫」改為「不淫」，再加上不非時食、不坐臥高廣大床、不歌舞觀聽與花鬘裝飾，共八支。

有部認為，八關齋戒只能從比丘受並僅持一日、過後即捨。經部以上各派則認為，可從居士以上受戒，並可受持兩三天，乃至半月或多年，並於到期自動捨戒。如《梵志所問經》所說。密續中甚至提到自受八關齋戒的儀式，但邏輯上並沒有終身的八關齋戒，因為如此持守者就變成官居士了。

若在八支基礎上，分開「歌舞觀聽」和「花鬘裝飾」成兩條戒，加上「不捉持金銀」戒，成為沙彌十戒。《沙彌迦日迦三百頌》

云：「離殺盜淫妄，不飲酒裝飾，離大床非時，不捉持金銀。」式叉摩那尼是女性特有的學處，須守持六本法和六隨法，為期兩年。

比丘尼有八波羅夷、二十僧殘等三百餘戒。

比丘則有四波羅夷、十三僧殘、二不定、三十捨墮、九十單墮、四悔過、一百一十惡作，共二百五十三戒。菩薩比丘為利他可開許不少戒條，如儲蓄過月等。若發現自己犯四根本戒、卻能創造他人的大福祉，則為了不損教法，可捨聲聞戒再付諸行動。

不共戒則是菩薩戒，已於前述。

◇◇◇ 持戒的那些事

持戒時，要避免身體、言語和心態上的不威儀。首先，本論云：「若身為僧侶，刷牙時、吐痰時都應遮蓋……如此的作為會讓世人失信，受人譏嫌，故應避免。」言語上，則要避免多話，或說會傷害他人的話。《辯意長者子經》云：「人心是毒根，口為禍之門，心念而口言，身受其罪殃。」〈發勝志樂會〉云：「其心不調順，遠離奢摩他，及毘鉢舍那，是名世話過，不尊敬師長，愛樂於世論，智慧不堅固，是名世話過。」《月燈三昧經》云：「若見彼過咎，不對說其愆，常念所作業，必獲如是果。」《轉諸法無生經》云：「菩薩若墮罪，遠得菩提，若干嫉妒，遠得菩提。」

貪愛物質享受是過失的淵藪。〈發勝志樂會〉云：「彌勒！初業菩薩當觀利養生貪欲故，當觀利養壞失正念生瞋恚故，當觀利養念其得失生愚癡故，當觀利養一切諸佛所不許可，當觀利養眾惡根本諸善壞故，當觀利養心如婬女能退失故。」〈菩薩見實會〉云：「如夢中飲水，終不能除渴，意所受諸法，亦無有厭足。」

喜愛昏睡會障礙一切善法。〈發勝志樂會〉云：「損減諸智慧，增長於愚癡，志意常下劣，是樂睡眠過……彼住阿蘭若，常懷懈怠心，非人得其便，是樂睡眠過。」

攝善法戒，則是菩薩所造眾善，總歸於《瑜伽師地論》云：「諸菩薩依戒住戒，於聞、於思、於修止觀，於樂獨處，精勤修學。如是時時於諸尊長精勤修習合掌、起迎、問訊、禮拜、恭敬之業，即於尊長勤修敬事。於疾病者悲愍殷重、瞻侍供給，於諸妙說施以：『善哉』，於有功德補特伽羅真誠讚美，於十方界一切有情一切福業，以勝意樂起淨信心發言隨喜。於他所作一切違犯思擇安忍，以身語意已作、未作一切善根迴向無上正等菩提，時時發起種種正願，以一切種上妙供具供佛、法、僧。於諸善品恒常勇猛精進修習，於身、語、意住不放逸，於諸學處正念、正知、正行，防守密護根門，於食知量。初夜、後夜常修覺悟，親近善士、依止善友，於自愆犯審諦了知，深見過失，既審了知深見過已，其未犯者專意護持，其已犯者於佛菩薩同法者所至心發露、如法悔除。如是等類所有引攝、護持、增長諸善法戒，是名菩薩攝善法戒。」

饒益有情戒，包括一切利益眾生的行動，但歸納來看則有十二種。《瑜珈師地論》云：「一、於諸有情能引義利，彼彼事業與作助伴……」

◇◇ 淺談忍辱波羅蜜的「不放逸」

面對忍境時，蒙受其傷害，心不亂為忍，不報復怨恨，
此為第一忍。害者不自在，業身心所迫，有過等無異，
大恩佛歡喜，大利等思惟，九因而修忍。或以可愛想，
法想無常想，苦想攝受想，五想而修忍。求法不厭倦，
堪忍諸苦行，如忍醫治苦，三戒諸難行，皆應善安忍。
或依止處所，世法及威儀，法攝受乞食，精進疲利他，
依止諸事業，八種安忍苦。不懼深妙法，決定忍法性，
三寶德真如，菩薩力因果，得果能得法，所知諸境界，
信解境分八。

《瑜伽師地論》云：「純悲愍故能有堪忍，當知此則略說菩薩忍之自性。」

首先是耐他怨害忍，根據《建言錄》系統的主張，有九種練習技巧：

一、視傷害為「加害者被煩惱控制，沒有自主權。」

二、視傷害為「自己的業力造成。」

三、視傷害為「因為擁有身體的必然結果。」

四、反觀自己對傷害的執著、是自心的缺陷。

五、若報復傷害則會構成惡性循環。

六、反思加害者給了自己修忍辱的機會，是在幫助我們。

七、反思加害者提供修忍辱的機會、恩德很大。

八、記得忍辱能讓佛歡喜。

九、思維忍辱的大利益。

《瑜伽師地論》則講了修忍辱的觀想：

一、宿生親善想：視加害者如父母。

二、隨順唯法想：傷害是因緣所構成，無實在的「作者」和「受者」。

三、無常想：觀想加害者終將死亡。

四、苦想：眾生都被三苦折磨，我不該再加害他們，而應該幫他們解除痛苦。

五、攝受想：想到自己發心時已攝受一切眾生，不該報復。

其次是安受眾苦忍，一般指的是為了修行而忍受一切修行時的苦難。《瑜伽師地論》也強調，安受眾苦忍，能夠正面接受「依止處苦」等八種痛苦：出家後身著法衣、托缽乞食的辛勞，以及供養、事奉上師三寶，聞法、說法、誦經、禪修，初夜後夜不眠不休地努力修持瑜伽，實踐如前所述的十一種饒益有情事，能夠正面面對且不畏辛苦地，投入這些過程，並不被「安受眾苦忍」所帶來的痛苦、疲累、辛勞、寒熱飢渴、內心慌亂等有任何動搖。

第三是法思勝解忍，指的是不排斥空性等深奧法要、投入信解以期證悟。《瑜伽師地論》主張，法思勝解忍是勝解「三寶功德處」為首的八種對象。

除此之外，《瑜伽師地論》還提到了幾種忍：

一、三種難行忍：忍耐弱小、下屬、低賤者的傷害。

二、一切門忍：忍耐低、等、高三種親疏中人的傷害。

三、善士忍：觀忍辱勝利、自忍、勸他忍、讚忍辱、見他忍生喜。

四、六種一切種忍：怖畏惡報忍、慈心親善忍、為求成佛忍、出家應忍、串習忍辱忍、通達無生忍。

五、七種一切種忍：一切不饒益忍、從一切忍、一切處忍、一切時忍、身語意不報。（第四與第五或合在一起為十三種一切種忍。）

六、遂求忍：忍耐乞者的傷害等八種情況。

七、此世他世樂忍：堪忍善法等九種。

八、清淨忍十種，如不報復等。

其他五度也可這樣分析，詳見《瑜伽師地論》。

◇◇淺談精進波羅蜜的「不放逸」

喜悅勤精進，對治懶惰過，睡眠等懈怠，治者思無常，
我難得菩提，怯弱應勇治。捨棄不善業，及無記惡行，
我當勤修善，初發精進甲，加行勤三種：專注斷煩惱，
為成就諸善，恆常及恭敬，無動倒離慢。五勤修六度。
利生諸精進，勤行十一事。善行無厭足，無厭足精進。

一、懶散之懈怠，其對治的是思維：「自己必死」、「死時不定」、「無法把握今日不死」等許多原因，故如要拋棄鑽入自己

懷中之蛇一般奮發精進，所謂：「云何精進？謂懈怠對治，心於善品勇悍為性。」如此思維來培養心力。

二、怯弱之懈怠，其對治的是觀察「怯弱之懈怠」的缺點，放下對自己寶貴人身的輕視。

因此，精進本身，可分為：一、披甲精進，是發誓「我在尚未引導一切眾生覺悟之前，不會放棄精進。」或是將這裡提到「尚未引導一切眾生覺悟之前」的這段時間縮短到「今年」、「本月」、「今天」、「這座」來練習。〈菩薩藏會〉云：「菩薩爾時被難思鎧，處於生死。」

〈被甲莊嚴會〉云：「菩薩被甲胄，為攝諸眾生，眾生無邊故，被甲亦無邊。」《瑜伽師地論》云：「若我為脫一有情，苦以千大劫等一日夜，處那洛迦，不在餘趣，乃至菩薩經爾所時，證得無上正等菩提；假使過此百千俱胝倍數時劫，方證無上正等菩提，我之勇悍亦無退屈，於求無上正等菩提非不進趣。既進趣已，勤勇無懈，何況所經時短苦薄？是名菩薩擐甲精進。」如此在日、夜和座間等時段立誓，是保持精進不間斷、不疲倦，以及正念恆生的好方法。

三、加行精進分成三種：
首先是「斷煩惱精進」。本論云：「若放任煩惱作主，必被其丟入連須彌山王都能燒成灰燼的地獄之火中。」視煩惱之過失為自己最大的敵人。然後經由本論云：「我過去受你奴役，而今我已覺醒。無論身在哪裡，我都會將你的自傲給摧毀。」來戰勝這個大敵。總之，煩惱並不客觀存在於任何地方，既不在外，也不在內，只要善加觀察，就會發現其虛偽，並從最強大的煩惱下手斬斷。

其次是「攝善法精進」，共分成五種：恒常精進、恭敬精進、無動精進、無倒精進與離慢精進。恒常精進是修行不斷，《佛說除蓋障菩薩所問經》云：「所起精進隨所起時，若身、若心而不懈倦，相續無間，是為菩薩相續精進。」恭敬精進是歡喜踴躍。本論云：「總之，我應如頭受烈日炙曬的野象，看到池塘就狂奔過去，如此積極踴躍地喜樂造善。」無動精進是不受煩惱、苦痛等自然出現的內緣來動搖修行。無倒精進是不受外緣影響修行。離慢精進是對自己的精進不感傲慢、也不輕視懈怠之人。這五種精進是修行者應持續努力的。

第三是「饒益有情精進」，即努力投入於「伴無伴者」等十一種利他行為。

以上是加行精進。

最後，無厭足精進的意義，譬如根據佛經記載，文殊菩薩曾為佛陀撐起一由旬大的傘蓋以作供養。某位天子詢問祂如此供養不歇，怎麼不感到滿足？但文殊菩薩回答，恰如大海不會滿足於水，菩薩也不會滿足於累積功德。

總之，行者應為了讓一個眾生心生一念善法，投入數劫的努力也在所不辭，應如《大乘莊嚴經論》所云：「久劫行上勤，利物心無退，令生一念善，況欲善無量。」

◇◇淺談禪定波羅蜜的「不放逸」

禪定專於善，捨棄諸散亂，獨處寂靜得，若貪家利養，
散亂多過患。放逸擲今生，故應三門靜，供佛諸資具，
不如修行人，七步入山林，佛陀更歡喜。本體分止觀，
作意分四種，上下分二類，修法正及前：貪瞋癡三毒，
嫉妒慢等分，六治首不淨，慈心緣起觀，自他平等觀，
自他換觀氣。觀身不淨物，三十六種聚，青紅紫黑白，
腐爛蟲蛀骨，骨灰散塵色，觀己亦如是，終將成此態，
勤修此觀行，亦觀男女體，如是而離貪。多瞋修慈心，
親愛及熟識，普通至眾生，次第修一心。昏沉癡重者，
應修緣起觀：水肥暖濕時，種子依地生，長芽至稻穗，
各不思作者，因緣力現象；種非成芽因，種他芽亦他，
無種不生芽，觀之不可得，如幻化水流，外緣起如是。
無明行識等，名色六入觸，受愛取有生，老死十二支，
前支生後支，愁歎諸憂苦，苦聚從此生，順觀即輪迴，
逆觀即涅槃。各支不思後，無作者無我，前不轉成後，
無前後不生，前他後亦他，觀之如幻化，知此輪迴滅，
具因內緣起，具緣內緣起：地水火風空，識聚為六界，
此身雖得成，各別無思慮，互不相了知，無作緣聚現，
觀之不可得，能忍即空性，觀空即緣起，二者不可分，
如水與水紋，勝者曾讚歎：知緣起知法，知法即知佛，

嫉妒重修習，自他等菩提，同欲樂離苦，愛己得平等。
菩薩秘密道，修習自他換，捨棄自愛執，修習愛他執，
此福德無量，對治慢心要。對治多尋思，修習氣功法。
數隨止觀還，淨等六種氣，修習令心靜，無念寂輕安，
離慢味無相，此乃佛子眾，現法樂禪定，盡處勝解脫，
共二乘所修，超二乘境界，修習三摩地，即修德禪定。
種種身幻變，勤修十一事，成辦眾生利，禪定修習法：
寂處結跏趺，內攝不動安，安心調寂靜，寂止一境定，
九種住心法，由此生一定，具足智慧者，各別觀法相，
想名及了句，思義亦義知，法總亦義求，近分七作意。
成就根本定，尋伺喜樂一，具五支初禪，離尋伺二禪，
三禪唯樂受，四禪捨一境，由此成五通，欲界色界定，
相應出世慧，時能成聖道。掉悔睡沉疑，對治修止觀。
或為六種障，對治八斷行。總攝緊鬆二，或於佛身相，
安住或觀想，漸次成等持。恭敬常精進，由此而生定，
大乘法總攝，善知識手中，具足此禪定，得諸善功德。

專注於善法就是「禪定」。《瑜伽師地論》云：「所有妙善世出出間心一境性。」這需要經由「身靜於紛擾」與「心靜於放逸」才得以產生。本論云：「若身心獲得寂靜，渙散就無機可趁。」所謂的紛擾，指的是物質、得失等的干擾。若行者沒有看到它們的缺陷，就會對其產生迷戀，故這種迷戀的對治方式，就是思維它們的缺失。〈發勝志樂會〉云：「彌勒！云何名為樂於憒鬧二十種過？不護身業、不護語業、不護意業、多饒貪欲、耽著世話、天魔波旬而得其便、於放逸行常懷染著、不得禪定。」

另外，迷戀居家的過失，根據《月燈三昧經》云：「無有處於五欲中，於妻子等生愛著，凡愚恒在居家者，是人不能得漏盡。」本論云：「貪戀他人會遮蔽自己洞見真理的智慧，更破壞我們厭離生死的心態……若親近凡愚，終將使自己喜於自贊譭他。樂於談論世俗雜事等無意義的惡事，實在徒然自損而兩相辜負。所以，應遠離凡愚才是……若因自己的豐足，而習慣受人尊重喜愛並感到自傲，如此勢必難逃死後面對苦難的恐懼。這分愚癡的心念，其任何程度的貪戀都勢必只會引來千倍的苦果反噬。所以，智者應放下『貪戀』這一讓人走向苦難的誘因，應確信世俗的親友名利都可有可無；因為這一切不論多美好、多豐饒，也無法讓我因此就自在地面對來世。」

傳統上來說，遠離紛擾是要在離村落一俱盧舍以外的「阿蘭若處」獨居，此即「身遠離」，因為身體遠離了家務等俗世。光是想要禪修，而朝阿蘭若處的方位邁出七步，就會得到很多功德。《月燈三昧經》云：「非是飲食及衣服，諸妙花香及塗香，如是等事供養佛，能如出家奉行法。若有樂求菩提者，能利眾生厭世間，趣向空閑行七步，如是福報最為上……常厭離有為，世間無欣慕，諸漏不增長……常處林藪樂寂靜，棄捨聚落離著心，樂獨無二猶如劍，不久便得是三昧。」

當然，身寂靜的目的是為了「心靜於放逸」，所以務必要謹慎反思自己獨居的必要，其目的應如〈郁伽長者會〉云：「畏眾鬧故、畏親近故、畏惡友故、惡知識畏、畏貪瞋癡故、畏於陰魔煩惱魔死魔天魔故、地獄畏、畜生畏、餓鬼畏：我今怖懼如是等畏，來至於此阿練兒處。」

修行者應檢視自己當下的情況，提醒自己：若我身體造惡，將與野獸、獵人、強盜毫無區別。若口說無意義的話、將和林中的鳥一樣，若心裡充滿貪嗔痴，就和野獸沒什麼不同。

如此自我警惕、深懷慚愧，想像自己的一舉一動都受非人、諸天和諸佛的監察，保持警覺。進而在心生善念用白石子記、惡念用黑石子記，發誓一刻也不分心，專注禪修。

禪修，分為「止」和「觀」兩種：止是專注一境、是真正的禪定。觀則是如實了知、屬於「般若」，而我們所要禪修的是「止觀雙運」。

另一方面，從禪修之心的心理活動（作意）來看，禪修可分成四種：一、有尋有伺。二、僅有尋。三、僅有伺。四、無尋無伺。《大乘莊嚴經論》云：「有求亦有觀，一味將止道，觀道及二俱。」也可以分成：一、純止。二、純觀。三、止觀雙運。《大乘莊嚴經論》云：「拔沉並抑掉，正住與無間，於中亦尊重，置心一切緣，作意有十一……繫緣將速攝，內略及樂住，調厭與息亂，或起滅亦爾，所作心自流，爾時得無作，菩薩復應習，如此九住心……下倚修令進，為進習本定。」

禪定又可以分為攝心、止和捨三種，《大乘莊嚴經論》云：「繫緣將速攝，內略及樂住，調厭與息亂，或起滅亦爾，所作心自流，爾時得無作，菩薩復應習，如此九住心。」其修持方式則有恆常修與恭敬修，《大乘莊嚴經論》云：「下倚修令進，為進習本定。」

若從低劣和殊勝來分，有兩種：
一、共通於外道的世間八定。
二、出世間道所得的九次第（或三乘的禪定）。

另一種分類方式則是分成三種：
一、世間禪定：樂小、執我、會退失、有有染愚痴，故為低劣。
二、二乘禪定：只求自身安樂、執著寂滅、最終滅盡五蘊、有無染愚痴，故為低劣。
三、大乘禪定：具足大樂、令自他安樂、不執著有寂、不退失、永不窮盡、無愚痴，故為殊勝。

《大乘莊嚴經論》云：「少樂二自樂，著退盡癡故，是說三人禪，菩薩禪翻彼。」

◇◇◇ 禪定之前

一、多貪者當修「不淨觀」以對治。
二、多瞋者當修「慈心觀」以對治。
三、多痴者當修「緣起觀」以對治。
四、多嫉者當修「自他平等菩提心」以對治。
五、多我慢者當修「自他交換菩提心」以對治。
六、煩惱都一樣粗重，或是妄念紛飛者，則應修呼吸。

修行者應觀察自己哪種煩惱較為粗重、施以對治。

第一點，是禪修不淨觀，《俱舍論》云：「為通治四貪，且辯觀骨鎖，廣至海復略，名初習業位。除足至頭半，名為已熟修，繫心在眉間，名超作意位。」

修行者應思考自己的肉體是由血、肉、皮、骨、髓、膿、汁、淚、涎、唾、屎等三十六種不淨物所構成，接著前往屍林，觀察被抬到屍林的屍體在死後一天、兩天、三天、四天、五天的過程中，漸漸膨脹、青瘀、發黑、被啃食。看到這樣的屍體後，要反思自己的身體，在本質上、表現上也是如此，無法擺脫如此的法則。

再想像自己眉間開始腐爛、白骨露出。最後全身依次經歷上述各個階段，直到骨頭散落遍佈海洋，或想像整個海洋都充滿這樣的屍體。

同理，可以將這樣的禪修方式，投射到自己貪戀的他人之肉體上，就能斷除對其的貪欲。

第二點，對治瞋恨的方法是修習慈心，這種慈心是緣眾生而生起的，要認識到所有眾生都曾是我們生生世世的父母，從而生起喜愛之心；其修習步驟，是先對最親近的親友生起慈愛之心、逐漸擴大範圍，最終達到對一切眾生都平等地生起慈愛之心。

修行人應不斷修習，直到對所有眾生都能平等地生起慈愛之心為止。

第三點，是禪修「愚痴」的對治「緣起觀」，《大乘稻芊經》提到，種子依賴水、肥、溫度、土壤和時間而長出芽，但這些條件各自都沒有讓芽生長的意識，芽本身也沒有生長的意識。沒有誰刻意造作，僅僅是條件聚合而表現出芽。種子和芽是不同的，種子不會變成芽，但沒有種子就不會有芽。芽不是從已滅的種子生，也不是從未滅的種子生，芽也不是從其他地方來的。這個過程一直持續到稻穀成熟，整個過程中，找不到一個實在的自性、他性、生或不生，故一切如幻、毫無具體可言。

萬事萬物都是如此，這就是外在的因緣緣起。

內在的緣起則有兩組：

一、內在因緣起

從不了解真實義的「無明」，到其所引發有漏的善、惡或不動業隨一的「行」。從此業所習薰染而生的心「識」，因此業力而使識神入胎。從受精卵漸漸成長形成胚胎的「名色」，這過程中會發育出「六入」的眼根等感官。這些感官構成了根、境、識三者和合的「觸」，使人體驗到苦、樂、捨等「受」。眾生對感受產生喜愛迷戀的「愛」、追求而「取」其因，進而為來世之「有」造業，因此構成五蘊而「生」，最後經歷身體衰老和死亡的「老死」。從此產生憂愁、痛苦、悲傷、不悅和煩惱，這就是大苦蘊的由來。

這主要針對欲界胎生眾生而說，故十二因緣可歸納為三類：煩惱類、業類和苦類：

一、煩惱類：無明、愛、取。

二、業類：行、有。

三、苦類：識、名色、六入、觸、受、生、老死。

《因緣心論頌》云：「差別十二支，能仁說緣生，於煩惱業苦，三中俱攝盡，初八九煩惱，二及十是業，餘七習是苦，十二唯三攝。」

十二因緣可比喻為：無明如播種者、業如田地、識如種子、愛如溫度、名色如芽，其餘如苗到稻穀之間的生長階段；這些因緣的特點是：前者不存在則後者不生起。前者未滅時後者不生，前者已滅時後者也不生。前後不同、但後者不從前者以外而來，前者沒有計劃要產生後者、後者也無「被產生」的意識，沒有誰在計劃與造作。「來」和「去」難以被定義，但是，因緣聚合時，似乎無中生有一般的出現，這就是順行緣起（輪迴）。

若修行人在善知識的指導下領悟「一切法空性」時，無明狀態就會頓然消失，這稱為「無明滅」（但實際上「無明」本無實體，也無去處。）而無明滅則不造業，前前因緣滅，則後後果不生，直至「憂愁」等都消失，這就是逆行緣起（涅槃）。《大乘稻芉經》云：「此有故彼有，此生故彼生。所謂無明緣行……苦、憂、惱而得生起；如是唯生純極大苦之聚。此中無明滅故行滅……如是唯滅純極大苦之聚。」

二、內在緣緣起

這指的是因「六大元素的和合」而構成肉體，但每個元素都不會計畫要形成身體的各類性質，各類性質也不會認為自己是由元素所創造，這個過程中也沒有其他造作者的介入，僅憑諸緣聚合，便顯現「似有實體」的存在，如前所述。

如此，當因緣聚合時，它們相互依存而構成「顯像」，但其「無自性」的本質就是「空性」，顯像與空性二者如幻象一般不可分離，這就是諸法的實相、是佛教的密意，所謂：「若見因緣，彼即見法；若見於法，即能見佛。」

第四點，禪修自他平等來練習菩提心，是先意識到自己與他人都有離苦得樂的渴望，這一方面完全相同，故己所不欲，勿施於人。本論云：「首先，應努力思慮自己與他人都同樣避苦求樂，所以本來平等。」

第五點，自他交換的禪修方式，根據本論云：「這何須多費口舌解說？只要看看自私的凡愚和利他的釋迦牟尼覺者，兩者之間的苦樂差異！」如此思維後，或直接、或觀想將自己的一切善樂贈與眾生，並承擔眾生的苦難，來修煉自心。本論云：「總之，若有人想要快速地救護自己與萬靈超越苦痛，則應練習自他交換的秘密口訣。」

第六點，對治粗分妄念則要從呼吸方式下手，《俱舍論》云：「持息念應知，有六種異相，謂數隨止觀，轉淨相差別。」

觀呼吸的方法分成六個階段：

一、數息：專注呼吸，不錯亂地數到十次。然後重新開始，逐漸延長時間，持續不間斷。

二、隨息：觀察氣息如何遍及全身。吸氣時，觀察氣息從喉嚨到心臟、肚臍、大腿、小腿直到腳趾。呼氣時，觀察氣息離身向外延伸、到一尺或一臂長。

三、止息：觀想從鼻尖到腳大拇指有一條如寶石線般的氣息，關注它帶來的利害及冷熱等觸感。

四、觀息：觀察氣息內含的四大元素，進而觀察五蘊。

五、轉息：將同等的專注力，從氣息轉移到其他對象，直到培養出加行道最高階段的善根。

六、淨息：這是修行的果位，從專注開始進入見道等更高階段。

不過，《地藏十輪經》則提到了另外一組稍有不同的名詞：「數故、隨故、止故、觀故、轉故、淨故。」這六種方式各有兩組作用，分別是：

一、數息：控制尋伺並了解出息的特性。

二、隨息：離開尋伺並善於觀察入息。

三、止息：了解呼吸內外聯動並獲得禪定。

四、觀息：了解氣息的盡頭並分別認識心和心所。

五、轉息：善於捨棄取蘊並準備進入聖者境界。

六、淨息：斷除煩惱並淨化見解。

◇◇◇ 禪定ING

行者透過上述修行而平息煩惱之後，正行的禪定分成三種：

首先是現法樂住靜慮，《瑜伽師地論》云：「若諸菩薩所有靜慮，遠離一切分別，能生身心輕安、最極寂靜、遠離憍舉，離諸愛味、泯一切相。當知是名菩薩『現法樂住靜慮』。」

其次是能引菩薩等持功德靜慮，共通的部分是能夠創造八解脫、八勝處、十遍行等功德，不共的部分則能夠創造超越二乘人的海數解脫門、陀羅尼門和辯才。

第三是饒益有情靜慮，是經由定力能夠變出無量形象，實踐十一種利他行動。

禪「定」的方式，是讓身體保持寂靜、跏趺定印，透過九住心來穩定自心。

九住心中，首先是安住心，即關注於任何一個所緣之上，《大乘莊嚴經論》云：「安心所緣。」

其次是攝住心，是讓本質上浮動不已之心保持不放逸、關注於所緣之上不離開，《大乘莊嚴經論》云：「不令離故。」

第三是解住心，即在心稍微離開所緣後、立刻就能保持正念，帶回所緣上，《大乘莊嚴經論》云：「若覺心亂，速攝持故。」

第四是轉住心，即保持前有的成果、讓自心越來越細膩，《大乘莊嚴經論》云：「覺心外廣，更內略故。」

第五是伏住心，這時心中已經培養出些許的定力、見到喜樂的種種功德，因此更相信禪定的作用，加倍努力，《大乘莊嚴經論》云：「見定功德，轉樂住故。」

第六是息住心，修行人此時會將心中再細微的放逸都視為缺失，想進一步改善，《大乘莊嚴經論》云：「心若不樂，應折伏故。」

第七是滅住心，此時心中出現貪念、不樂等根本煩惱、隨煩惱或細微的任何起伏，都會立刻感知到並停止它，《大乘莊嚴經論》云：「貪憂等起，即令滅故。」

第八是性住心，稍微努力就能維持不動，《大乘莊嚴經論》云：「所作任運，成自性故。」

第九是持住心，這時不需要任何努力、自心都能保持高度專注，此即「定」、「平等處」，也就是真正的「寂止」，《大乘莊嚴經論》云：「不由作意，得總持故。」

這就是讓自心走向寂止的九個要訣，《般若波羅蜜多要訣》提到，世尊透過九種要訣引導弟子修行寂止，這對應的應該是《般若經》中描述九種住心方式的段落。

當行者得到寂止，為了進一步得到禪根本定，故應接著修練七種近分定：

首先，透過聞所生慧、思所生慧或修所生慧來專注理解法的本質，這就是「了相作意」，《大乘莊嚴經論》云：「增益寂靜智，進趣廣大乘。」

其次，是分析並理解文意的「勝解作意」，《大乘莊嚴經論》云：「想名及了句。」

第三，是分析各種細節，不陷入其他概念的妄想中，即「遠離作意」，《大乘莊嚴經論》云：「思義亦義知。」

第四，是專注於判定真義，得到喜樂的「攝樂作意」，《大乘莊嚴經論》云：「法總。」

第五，是觀察自己接觸煩惱境時，會不會心生煩惱，其因此斷除的所斷會比本來更細微、這就是「觀察作意」，《大乘莊嚴經論》云：「亦義求。」

第六，專注於對治煩惱，這就是「加行究竟作意」，能得勝果，《大乘莊嚴經論》云：「有求。」

第七，是剎那能夠摧毀障礙根本定的污垢，得到細膩清亮的三昧，這是「加行究竟果作意」，又名「未至近分定」，這一刻之後立刻就會產生初禪根本定。

這七種作意中，前六種近分定起對治煩惱的功能，並使定力越來越細微，這些作意都是在無所緣的情況下產生的，《大乘莊嚴經論》云：「有求亦有觀，一味將止道。」

當修行人產生「未至近分定」後、緊接著立刻就會生起「初禪根本定」，這分成「一般初禪根本定」和「殊勝初禪根本定」，後者具有尋、伺、喜、樂和本質上的定共五支，《俱舍論》云：「靜慮初五支，尋伺喜樂定。」

隨著禪定層次的提升，第二禪時「尋」與「伺」消失，轉為內等淨（對治支）、喜（利益支）、樂（利益支）和等持（自性支）。第三禪時「喜」消失，轉為「捨」、「正念」、「正慧（三個對治支）」、「受樂（利益支）」和「等持（自性支）」。第四禪時樂也消失，轉為非苦樂及念清淨（利益支）、行捨清淨（對治支）和等持（自性支）。《俱舍論》云：「第二有四支，內淨喜樂定，第三具五支，捨念慧樂定，第四有四支，捨念中受定。」

另外，關於四禪天的特徵：

初禪三天：具有「尋」、「伺」（如火）、「喜」（如水）、「樂」（伴隨意的活動，如風），包括梵眾天、梵輔天、大梵天，所以會被火、水、風三災所毀。

二禪三天：無「尋」、無「伺」（如火），但有「喜」和「樂」，包括少光天、無量光天、極光淨天；雖不被火所毀，但會被水災和風災所毀。

三禪三天：無「喜」（如水），只有「樂」的表相（如風），包括少淨天、無量淨天、遍淨天，天只會被風災所毀。

四禪三天：無上述三種過患，包括無雲天、福生天、廣果天，雖不受外在物理災害所毀，但當眾生死歿時，外在宮殿就會不復存在。

另，依靠第四禪特殊定力，可以產生五種神通：神足通、天耳通、他心通、宿命通和天眼通。且若與出世間道相結合，還能產生漏盡通之法和漏盡通本身。《大乘莊嚴經論》云：「第四極淨禪，無分別智攝，如所立方便，依此淨諸通。」

獲得第四禪後，通過停止有關物質的想法，逐漸修習更細微的禪定，可以得到四無色定——空無邊處定、識無邊處定、無所有處定和非想非非想處定，聖者們最後還可進入滅盡定，停止「苦受」和其他感受。

這四禪、四無色定和滅盡定，合稱九次第定。前八種定是世間和出世間所有「道」的共同基礎：外道仙人也能修到「非想非非想處定」，俱解脫阿羅漢和獨覺則能進入到第九次第定。

◇◇◇菩薩的禪定特色

菩薩修習所有禪定、增強定力，使自己成佛時能依第四禪生起漏盡通，證得「金剛喻定」，所有佛陀入涅槃時，也是從第四禪入滅。然而，菩薩修禪不是為了投生上界，因為菩薩主要利益眾生的環境是在欲界，若生於無色界實在難以利益大量的眾生，《佛母寶德藏般若波羅蜜經》云：「行三摩地而無相，住彼不破於我見，有心所思生欲界……不求生於無色界，而求菩提波羅蜜。」

因此，菩薩雖然能獲得一切禪定之樂，卻毫不執著地放棄它；他們只願憑慈悲心，進入充滿無盡苦難的欲界，卻不受欲望污染、無疲倦地為眾生利益而行動，如此選擇實在不可思議。《佛母寶德藏般若波羅蜜經》云：「菩薩所修之功德，三摩地行而相應，雖同凡夫住欲界，由如蓮華不著水。」

滅盡定，是凡夫、鈍根阿羅漢都無法進入，只有俱解脫阿羅漢和獨覺能進入的狀態（但需按預定時間出定），初地菩薩雖能進入滅盡定，但佛陀曾規定不可於其中超過七天，以免不當進入涅槃。八地以上菩薩則能「如鳥飛空」一般、自在出入滅盡定，佛陀的究竟自性身則常處滅盡定中、永不出定，卻能無勤利益一切眾生，故名「正等覺佛」。

禪定時有五蓋障：掉舉與悔恨、昏沉與睡眠、害心、欲求和疑惑，或說為掉舉、悔恨、昏沉、睡眠、疑惑五種。寂止能對治掉舉與悔恨，勝觀能對治昏沉和睡眠，疑惑則由兩者一齊對治，這五蓋最終將在見道時斷除。

當昏沉睡眠淨化時得「止成就」，掉舉悔恨淨化時得「觀成就」。止成就時，獲得身心輕安：能長時間靜坐無礙，不依賴食物；心因此變得柔軟，易於駕馭，成為有效對治煩惱的工具。

另外，禪定的六種障礙，分別是：懈怠、忘失所緣、昏沉、掉舉、過度用力和不夠用力。為了處理這六種障礙，應修行八種對治：信、欲、精進、輕安、正念、正知、捨、思。其中：前四個對治懈怠，正念對治忘失所緣，正知對治昏沉和掉舉，捨對治過度用力，思對治不夠用力。

簡而言之，這些都可歸納為緊和鬆兩種：

◆ 緊：專注修習，對治散亂

◆ 鬆：過度緊張時放鬆，保持「平等捨」。

初學者可以專注觀察面前的花或佛像，或是關注在觀想出的佛像。根據寂護的《中觀修習次第論》的說法，熟悉經論者可以專注於經文意義（利根者修止方法）不熟悉經論者則可專注於佛像或花等（鈍根者修止方法）該論更引用了《月燈三昧經》所說：「得如來身紫金色，一切端妙為世親，緣於如是心安住，乃名得定之菩薩。」後又說：「常思惟如來身像黃如金色，相好莊嚴，處眾會中，以諸方便利益有情。於佛功德發生願樂，息滅昏沉、掉舉等，乃至明見如住面前。」這部分的內容可以參考《般舟三昧經》的修行方式。

現今的禪修者們雖然將「專注觀想如來清淨身相」視為寂止的前

行，但實際上若能專注成就此法，便能產生許多三摩地。有些人嘲笑將心專注在石頭或木棍上、或專注在佛像上的修止方式，但經典中也提到專注在花朵等物上的方式，這與專注石頭等物似乎並無太大差別。對於凡夫來說，將心專注在自己熟悉的「物品」等境界上反而更為容易。而且密續中所有生起次第的修法，也都是專注觀想本尊身相。

因此，不應聽信這些毀謗正法的言論，畢竟所有的這些三摩地都源於「恭敬心」和「持續精進修持」這兩個因素才得產生，《大乘莊嚴經論》云：「與無間，於中亦尊重。」

簡而言之，大乘之法都源於善知識，特別是在「定」和「慧」方面，更需要真正通達並深入理解「正確義理」的善知識，來區分正確和錯誤等各種情況，並給予教導和指點。這些不是透過閱讀經典、文字，或僅憑粗淺的語言理解就能獲得的。

總之，這種殊勝的禪定是世間和出世間一切功德的基礎。若具備禪定，從「佈施」到「智慧」等一切功德都會自然生起。

第四章

◇ 淺談般若波羅蜜

五度真實果，唯一即智慧，如實知諸法，所知諸境分，
五明及四諦，宗義與空性，五明為所知，醫工聲量明，
內明為五明。四共內外學，第五唯內學。四諦之論述：
苦集滅道諦，初轉四聖諦。總攝二諦義，中轉說二諦，
如來後轉法，唯涅槃一諦。蘊界處所攝，器情為苦諦，
是苦故名苦，幻象故名諦，業惑生集諦，苦因故名集。
苦集滅為滅，八聖道道諦，不虛故名諦。二諦多種論：
能作用勝義，無用名世俗，毀壞分別時，心滅為世俗，
反此為勝義，經部如是說。依他二諦基，遍計為世俗，
圓成勝義諦，唯識宗之想。無我經中說：世間為世俗，
出世為勝義。寂天如是許：心境為世俗，離心為勝義。
世俗真假二，雖同無實現，迷情見作用，苗等為真俗，
空髮為假俗；或凡見為假，聖見為真俗，十八空等分，
無遮非遮等。顯示所教授，即名字勝義。離思議聖者，
等至之行境，即真勝義諦。俗外無勝義，諦外無世俗，
有無一異等，增益故不住。福聚故世俗，智聚故勝義，
暫依需求故，說有二諦理。廣大行典說，有無等遍計，
幻緣依他性，分成二世俗，圓成實如空，即法界勝義。
勝義三無性，而說本無生。故二車軌宗，許俗如幻化，
勝義如虛空，此中無差別。後轉唯一諦，勝義法界外，
更無所緣故。假安立真妄，究竟皆非有。佛經如是說：
真妄諸法性，我未曾見有。所知非實有，無所知無慧，
非全無所知，故有智慧得。智所知真妄，有無皆增益，
如增益不住，唯除迷亂盡，名為得解脫，宗義分內外，

各復分四種：梵四面生故，梵天毗濕奴，濕婆及順世，
四種外道宗，其中三常見，一派為斷見。內道四宗派，
毗婆沙經部，二宗許外境。唯識許心有，中觀宣說空。
如此四宗派，如藥治諸病，後宗治前執，病愈藥亦盡，
如醫事已辦，所斷不復存、對治亦清淨，宗義用圓滿。
思想立宗義，非以自性有，雖不可言說，方便門宣說，
空性即法界，彼無可分別，是故唯一空。或有少分空，
及具勝相空，說有二種空。或三解脫門、四門分別說。
或七種空性，相空一切空，行不行無言，一義彼彼七。
廣則以所空，內外及內外，大空第一義，有為及無為，
畢竟無始散，性自相諸法，不可得無法，空性十六種。
妄念數云何，空性亦爾許。無所緣空中，何有可計數？
色相有幾許，虛空亦爾許，虛空無分別，同理應了知。
非他故真如，無倒真實際，忍位滅無相，聖境故勝義，
菩提因法界，異名以顯示。能知彼智慧，思擇分別慧，
各別自證智，凡聖智二種。了知空性法：離有無二邊，
遠離諸偏執，中亦不可得，無住而安住，名為中道行。
遠離諸邊中，慧方便雙運，是為解脫道，諸執皆寂滅。
名為般涅槃。非有亦非無，無斷亦無得，斷得想滅故，
名最勝斷得。初破實有想，說二種無我，蘊相續立我，
邪慧執為我，此為輪迴本。我我所非有，聖者不見故，
析時自他二，及非二不生，身心名亦空，我不可得故，
蘊一一非我，非即非離蘊，非一非異說，分析不見故，
但俗亦非有。有說極微塵，有間或無間，如毛如書卷，
許為實物質。有說是隱蔽，若成則有分，無分塵體壞，

一無多不成，多聚一非有，是故彼極微，一多皆不許。
根境不相觸，根為隔礙故，或見刺即痛，不見生現量、
非理亦不可。緣力故變異，如所修現故，差別顯現故，
無現如夢故，外境實非有。有說自證明，此心勝義有，
彼心若多頃、三時有多分，性一說即破。若無剎那性，
成無性過失。許則自覺壞。佛亦未曾見，彼心誰能見？
若無色聲等，心亦何所有？故人法二我，非是實有性，
亦非無性成。故輪迴無緣，涅槃亦如是。非有非無等，
遠離諸戲論、離增益損減，是故離諸見，能見真實際，
名為中道者。故輪迴即滅，有情即佛性。法無束無解，
本來極清淨。如是知慧已，閑處令心息，無念而專注，
是所知義中。無所緣而修，即是修般若。知諸法如幻，
後得雙運行。串習息慢心，座上下相停。獲廣大功德，
速得正等覺。

正如農夫春夏的所有努力都是為了秋天的收成一樣，菩薩所有的善法也都是為了「般若波羅蜜多」，如同後文將提到的：「前述的要點，都是覺者為了讓弟子得以發起智慧而說。」這裡所說的智慧，就是無謬認知「所知」，或「如實了知」，如《佛母寶德藏般若波羅蜜經》云：「慧了諸法本來因。」

設問：智慧的定義不是「善辨諸法」嗎？

答：這兩者其實只是因果關係的差別而已：「如理分辨通達諸法各自的自相、共相與體性」是因，因此產生「如實了知這些法」

的智慧是果。故，這裡是用果的名稱來稱呼因。

◇ 智慧，是要認識什麼？

首先，智慧所應掌握的，是「五明」、「四諦」、「宗見」和「空性」四大主題。

第一，「五明」包括：
照顧一切功德之基礎——身體——使其生存的「醫方明」，即八支醫學。

通達世間知識無所迷惑的「工巧明」，包括十八種工藝等。

通過「自然」和「因緣」的變化而善加運用的「聲明」，即梵語的文法結構，這是一切智智所使用的語言，包括「詩詞學」、「韻律學」和「戲劇學」等細節。

建構「立論」和「破論」之處的「因明」，如佛教的七部量論及其《集量論》等。

最後是三藏「內明」，即教導解脫之方法。

前四種「明」能使人在此生成為高尚和博學之士，受到眾人讚賞。若以清淨的動機投入其中，也可間接使其成為「增上生」和「決定勝」之道。這些是「內外共通的學問」，是印度文化中、無論出身優秀或普通的在家人都會學習的學科。「內明」

則專屬於佛陀的教法。

一般而言，學習「聲明」和「因明」是為了「折服他人」，學習「工巧明」和「醫方明」是為了「聚集眷屬」，而學習「內明」則是為了成就「一切智」。《瑜伽師地論》云：「云何菩薩自性慧？謂：能悟入一切所知及已悟入一切所知，簡擇諸法，普緣一切五明處轉：一、內明處。二、因明處。三、醫方明處。四、聲明處。五、工業明處。當知即是菩薩一切慧之自性。」

其次，「諦」則是佛陀在初轉法輪時所說的四個要件：苦諦是應知、集諦是應斷、道諦是應修、滅諦是應得。《無上續》云：「認識苦諦如病應知，集諦如病因應斷，滅諦如病癒應得，道諦如療程應修。」

所有輪迴的本質就是「痛苦」或「有害」，故都是「苦諦」，這包括五蘊、十八界和十二處。若從感受的角度來分，可分為三種：明顯感受為痛苦的「苦苦」、表面感受為快樂的「壞苦」、感受為中性或不太明顯的「行苦」。

苦諦之因是「有漏業」和「煩惱」，由此在三界中形成「生」，故「集諦」有這三種（業、煩惱、生）。可見，「苦」和「集」只純粹存在於迷惑的經驗視角中，但因為因果不虛，故暫且立為「諦」。

「道諦」即是「三學」或「八正道」，或者說是全部的「三十七菩提分法」，這是超越輪迴因果的方法。

「滅諦」是指了知「苦」並滅盡「集」，並使後者不再生起的狀態，因為它們連同種子都已經止息；「滅諦」因為「所斷」不會再生，故是可信賴的果位；「道諦」則能無謬產生結果、故兩者被立為「諦」。

相對的，佛陀在「中轉法輪」中主要教導「二諦」，佛經中提到，一切智智的佛陀不依照當時的其他宗見，而是提出了「二諦」的分類，除了「世俗諦」和「勝義諦」之外，沒有其他的第三諦可言。《中論》云：「諸佛依二諦，為眾生說法，一以世俗諦，二第一義諦。若人不能知，分別於二諦，則於深佛法，不知真實義。」

再者，一切法都歸納於二諦，故說「沒有第三諦」，這並非從用詞上的角度來說沒有其他的諦。事實上，「四諦」中，前三諦歸入「世俗諦」，第四諦歸入「勝義諦」，這是出自《央掘魔羅經》的說法。《大方等大集經》云：「復有三諦，何等三？俗諦、第一義諦、相諦。云何俗諦？若世間所用語言文字假名法等。云何第一義諦？乃至無有心行、何況當有言語文字。云何相諦？觀一切相同於一相、一相者即是無相。菩薩隨順俗諦而不厭倦，觀第一義諦而不取證，觀諸相諦一相無相，是名菩薩觀諦方便。」

所以「諦」只有二種：「世俗諦」和「勝義諦」。雖然部分佛經還提到了第三種「無相諦」，但這是將兩諦都歸入「無相」的範疇，意在表明「二諦」在勝義中是「不可分」的。因此，「無相諦」也被包含在「勝義諦」中。

◇◇佛教智慧，關注「二諦」

那麼，何謂「二諦」？

有部認為，在勝義中能「起作用」的是「勝義諦」，不能起作用的則是「世俗諦」，《釋量論》云：「勝義能作義，是此勝義有，餘為世俗有，說為自、共相。」故主張無方分極微塵和無分剎那等真實自相是勝義諦。

經部認為，當能被諸如「錘子」等破壞性之物摧毀時、就能讓人失去對其的認知，或當被對治力消除時，原有的認知不再生起，這是「世俗諦」；與此相反的則是「勝義諦」，《俱舍論》云：「彼覺破便無，慧析餘亦爾，如瓶水世俗，異此名勝義。」

唯識宗認為：「依他起」的識如同幻術的基礎（如石頭或木棍），被無明（如咒語）所染污，而出現「所取」和「能取」（如馬或牛）的「遍計所執」，這是「世俗諦」；而「依他起」的識本身「自證、自明」的覺知，是「勝義諦」。

後期在藏地，有許多人主張：「法性」或「真如」作為「所空」的基礎，並以「客塵污染」為「所空」之物的「他空」或「大空」為「勝義諦」；或認為遠離「能取及所取二元」的「本智」

是「勝義諦」。這些其實只是在唯識宗的「二諦」判別基礎上，用較華麗的名詞加以區分而已。

中觀宗在「遮遣邊見」的階段中，認為一切法都「離戲」，因此甚至不立「二諦」。但在「中間階段」即「遮遣我執」時，暫時承認「二諦」。《中論》云：「若一切皆空，無生亦無滅，如是則無有，四聖諦之法……亦復悉毀壞，一切世俗法。」針對他人提出，如此主張會讓「輪迴」和「涅槃」的一切觀念都瓦解時，《中論》回答：「汝今實不能，知空空因緣，及知於空義，是故自生惱。諸佛依二諦，為眾生說法，一以世俗諦，二第一義諦。」

總之，中觀宗認為「世俗諦」是指僅僅以「緣起」的形式而顯現出的任何事物，「勝義諦」則是指這些事物顯現的當下，其本質並非如同其所取名或所顯現的那樣存在，「本質」實際上什麼都不是，《中論》云：「眾因緣生法，我說即是空，亦為是假名，亦是中道義。」

「世俗諦」又可分為：

一、顛倒世俗，包括「境顛倒世俗」：如眼有眩翳者看到飛蚊症，或擠壓眼睛看到兩個月亮等。其次為「有境錯誤世俗」：如有誤宗派的妄想。

二、正確世俗，指的是「緣起和合」構成的「虛妄顯現」，它們清晰存在於未經觀察的認知層次中，但經不起分析。這些暫時顯現為「真實」，且在世間中被認為是「正確」的部分，稱為「正確的世俗」。

阿底峽尊者的《入二諦論》云：「許世俗二種：顛倒與正確。初二謂水月、宗派邪分別。未究而滿意、生與滅諸法，具有作用者，許為正世俗。」不可思議的真如就是勝義諦，《入二諦論》云：「無始終皆寂。脫離有與無，無分別離緣，無住與住處，無來去離喻。離言無可觀，無變異無為，瑜伽師悟彼，斷惑所知障。」《寶雲經》云：「但以世俗，假設名字流布世間，世諦故而有假名，於第一義諦觀之則無，悉是虛妄，誑惑凡夫。」

部分經論則認為，凡夫們不知道「不存在但顯現」的道理，對「我」、「他」等各種現象妄加概念性的增益或損減。因此，他們僅僅看到「世俗」而未見「世俗諦」。換言之，他們看到「錯誤的世俗」，而未見「正確的世俗」。相對的，聖者們則如同魔術師觀看魔術一般，因此，可以說後者「不見世俗」，而「見世俗諦」；或是說他們「不見錯誤的世俗」，而「見正確的世俗」。

密續也主張，世俗的二元顯像，真實上有如水月，本論云：「凡人誤以世俗真諦為真，而不知它如幻，方與瑜伽師有了爭論。」

某方面來說，一切世間法都被稱為「世俗諦」，一切出世間法則都被稱為「勝義諦」，《尼乾子問無我義經》云：「世俗勝義諦，二種今當說，世俗即世法，勝義無過上。有情依世俗，增長於煩惱，久處於輪回，不了勝義法。」根據寂天大師的觀點，凡心可及的對境都是世俗諦，超越凡心之法則是勝義諦，本論云：「勝義真諦並非凡心可及，因為凡心屬於世俗。」

◇◇二諦，無限辯證的要點

設問：若「勝義」不是心識的對境，但「心」與「識」同義，這豈不是與「勝義是聖者自證智慧（心）的對境」的說法相矛盾嗎？

答：我並不否認聖者們的「自證智慧」如實照見自心的「法性」，然而，這是在一切顛倒執著都已消除，自心的「境」與「識」無二無別，它們如同風平浪靜的海面，沒有任何分別念的污染。這種狀態中雖然沒有「能」和「所」的對立，但從這種狀態出定後的「後得智」，可以用「所證」來形容「法界」，用「能證」來形容「覺知」，因此才會說「自證智慧證悟勝義」，但這只是語言上的追加表述而已。

畢竟，在「等持」中，連「已證悟」或「未證悟」等極其微細的心識特徵都不存在，又怎麼還會有「自證」或「非自證」的執著呢？《入楞伽經》云：「大慧！於未來世依諸外道邪見心熏習，增長虛妄分別一、異，俱、不俱，有、無、非有、非無，常、無常等。大慧！而彼外道自壞壞他……實有聖者內證之法離二自體，虛妄分別故。大慧！離心、意、意識，轉身便得聖種類身，修行諸行無如是心。離自心見『能取、可取』虛妄境界故，入如來地自身進趣證聖智故。如實修行者不生有無心故。大慧！如實修行必得如是境界故。大慧！若取有無法者，即為我相、人相、眾生相、壽者相故。」

考慮到這一點，本論的作者為了消除對「勝義」的執著，在這種情況下甚至不承認「自證智慧」的存在。因為若承認其存在，就很難破除「唯識宗」對「自證」等觀點的相關偏執，而且在辯論時可能會被迫承認：「你們所說的勝義就是我們所說的自證。」

另，僅僅認為「勝義是自證智慧的對境」，並不能使人接近「法性」；但透過消除「一切有聚焦之執著所構成的特徵」，反而能使人以概念上的方式對「法性」生起信解，不受阻礙。

或者，有人可能會質疑：既然「堪為心識之對境」是「所知」的定義，那麼「勝義」非心識所能及，豈不就是「非所知」了嗎？

答：這個問題並不存在，「堪為心識之對境」作為「所知」的定義，只是為了啟蒙初學者而說，並不究竟，且在該階段上也將「明知對境之心」作為「能知」的定義，但這兩者其實有相互依賴的過失：「所知」能「堪為心識之對境」，這依賴於先有「能知」（明認知對境之心），而「能知」（明認知對境之心）又依賴於先有「所知」（堪為心識之對境），這會沒完沒了。

總的來說，「所知」和「能知」是凡夫們因為不了解而妄加增益的。即使在佛教中，如《入楞伽經》也提到：「若不說諸名，諸世間迷惑，是故作名字，為除迷惑業。」只有必要的情況下才有各種名詞的存在，實際上、本質上毫無「能知」跟「所知」可言，因為一切法本來寂靜、本來清淨。

設問：「勝義」是「所知」嗎？

答：我認為對初學者來說，將「勝義」立為「所知」，並無不可，且應該強調：認識「世俗」只能理解世間的名言運作，這並不重要，但認識「勝義」才能超越輪迴。因此，真正應該了解的只有「勝義」。如此能夠引導他們走向「勝義」，有其特殊目的。

然而，對於修學較多，卻將「勝義」執著為實有相的人，則反而應強調：「勝義」甚至不是「所知」，因為「能知」和「所知」僅僅是世俗的名詞而已。這是為了消除他們對「勝義」的「能所」執著，因為這種執著會成為微細的障礙，妨礙人通達「勝義」。

當人真正了悟「勝義」時，不會再有「能知」、「所知」、「真」、「假」等見解的殘留，而是如實契入「法性」。

許多藏傳學者認為：「世俗諦」的定義是：「名言量所得」或「未經觀察的名言識所得」，「勝義諦」的定義是「勝義量所得」或「究竟分析所得」。其大量引用《入中論》所謂：「由於諸法見真妄，故得諸法二種體，說見真境名真諦，所見虛妄名俗諦。」

部分註解強調，「世俗」的事例是「顯現為心識之對境的一切」：

- 諸如顏色、聲音等外在事物是「無分別無錯亂的他知現量」之境。
- 諸如苦、樂等內在感受則是「自證現量」之境。
- 諸如「兩個月亮」等不真實的清楚顯像是「無分別錯亂識」之境。

◆ 諸如「概念」等不真實且不清楚的顯現是「分別識」之境。

「勝義」的事例則是「超越心識對境者」：

◆ 超越境界、經驗真假等一切戲論者是「非名字勝義」。

◆ 透過深入的思維而提出的「離戲」等觀念則是「名字勝義」。

另外，這些註解還主張，「世俗」的事例（各種顯現）由「名言識」判定，「勝義」的事例（離戲）則由「究竟心智」判定。例如，邏輯上透過「離一離多」的原因，來分析事物，得出其既非實有常、非實有無常，任何「實有」都不成立且「非實有」也不成立；這種在「究竟心智」前，一切戲論都被瓦解，所以「勝義」的事例就是「離一切戲論」，即將「找不到戲論」稱為「找到了離戲」。

我認為，色相等的顯現都只顯現於名言識前，但在勝義理智前則被否定，因此如幻；如此，名言識判定了：「其僅可得於名言識的部分是『世俗諦』、勝義智前不成立的部分是『勝義諦』。」這些顯現的本性（空性）是「名字勝義」，與世俗的部分在概念不可說為一、在本質上不可說為異（這種關係如「所作性」與「無常性」。）

相對的，「法性」不存有任何事物，是「非名字勝義」，它在概念上和本質上都既不可說：「與世俗一」，也不可說：「與世俗異」，因為它根本不存有任何事物。

另外，「諦」只有兩種，畢竟只有「能或否經得起理智觀察」兩種可能，故不會多於二諦，而且二諦都只存有於心智之前卻互不相容，所以也不可能少於二諦。

設問：如果「勝義諦」上不成立任何事物，怎麼能成為二諦之一？

答：雖然如此，但為了引導那些喜好邏輯推理的人，我們暫且順應這種說法。

◇◇ 哪種經驗說了算？

不過，這個主題值得稍加分析：「未經分析的名言識」是指未經細緻分析的心識，還是僅指未「施加命名」的心識？

如果是前者，那麼對微塵等的細緻思考就超出了「未經分析的名言識」範疇，故不屬於世俗諦了；如果是後者，那麼所有被命名的事物就也超出了「未經分析的名言識」範疇，故不是世俗諦了。

進一步來看：「名言」是指「執著於名言的認識」，還是僅僅指「名言」本身？如果是前者，那就不能涵蓋睡眠、昏迷時的意識，以及無想定等狀態；如果是後者，那麼勝義諦也會成為世俗諦。「理智之所得」這說法，更帶有實執論的色彩。

從中觀看來，理智前根本不可能「得到」任何法，也就無所謂「未得到」。凡夫執著於「能知之識及於所知之境」的觀念正是法我執，佛陀為了破除這種執著，才通過「二諦」的觀念，來教導無我。

然而，在應該放下「得到」的執著時，卻又用「識前得到與否」的差異來定義二諦，這只會讓人對空性失去信心，反而滋生對他物的執著。特別是在究竟之智前，根本不可能「得到」任何法。佛陀自己也說祂在菩提道場沒有證得任何法。

若說：「雖然在究竟心智前不可能有『得到』，但我們把這種『未得到』稱為『得到勝義』。」，那麼為什麼不直接用「未得到」作為定義，而要用「得到」這個詞呢？況且，「未得到」本身理應也不是勝義，因為「得到」和「未得到」都是戲論，而勝義是離戲的。另，使用「名言量所得」、「知義現量之境」等邏輯術語在中觀語境中並不恰當。《入二諦論》云：「現量與比量，佛徒納彼二，短視愚人說：以二量悟空……無需現比量，為退外道諍，故諸智者說。碩學清辨說，教中亦明言：分別無分別，二識不能悟。」

設論：所謂：「故得諸法二種體。」一句的意思，就彰顯了的確有「可得」與「不可得」的論述可言。但我認為，這段是在說明對所有事物有兩種認知方式：虛妄的見解和正確的見解，並非說「在心識前所得到」，請注意文字的用法。

另外，將「顯現為心識對境者」視為世俗諦的事例，將「超越心識對境者」視為勝義諦的事例，這種說法也不合理：這兩者可以作為世俗諦與勝義諦各自的「定義」，但「定義」和「事例」之間應該有範圍的差異，恰如我們只會用「檀香的紅焰」作為「熱且能燒」的事例，而不是僅用「火」作為其事例一般。

再者，「究竟分析下成立為離戲者」這種說法自相矛盾，如同在說「濕潤的火」一般。因為若是「離戲」、就不能說它「成立」或「不成立」，若說「離開戲論」就稱為「成立為離戲」，那麼「非名字勝義」（離戲之勝義）和「名字勝義」（究竟分析下成立為離戲者）就沒有區別了。

再者，所謂：「勝義的事例即離戲，由究竟心智所確定。」也不對，因為，「離戲」是「勝義」的同義詞，不能作為其事例；唯有諸如「見到樂受或苦受為『離戲』」這樣的體驗，才可以作為勝義的事例。

但是「勝義」本身不能被究竟心智直接認知，因為它不是聞思修的直接對象。《無上續》云：「它極微細故非多聞勝慧能及，它屬勝義故非思考勝慧所及，它深奧故非世間禪修勝慧能體會。」

另外，有些人所說的「常住之境」和「無常之心」，這樣的用語對佛弟子來說不恰當，因為我們認為一切有為法都是無常，所以沒有常住之境可言；而且，外境和心識在常與無常方面並無區別。

若說：「這是因為世俗人執著外境為常。」如果要以世俗人的見解為準，我們還需要宗派學說做什麼？

若說：「這裡的『常住』是指相續性的恆常。」那為什麼又要特別強調「心識是無常」？

另外，主張：「物質等一切顯相只顯現於名言識前，但受到勝義智的否定，因此如幻。」的這種說法，本質沒有理解到——一切的顯相，無論是否經過理智觀察，本身都是如幻；不是在理智觀察後發現「雖然顯現但不成立」，才說其如幻。恰如「知道幻術是幻術」的人和「不知道幻術是幻術」的人，兩者雖然在「了解虛幻與否」上有區別，但幻術本身的幻性並無二致。

因此，無論修行人是否經過分析、是否已經了悟，一切法本來都是不成立有任何事物，只是因緣和合而可以顯現為任何事物，絕不超出這個範圍。

◇◇ 空性的場域，別使用邏輯

進一步來看，關於二諦本質上「是一是異」、概念上「是一是異」的論述，也只是套用了邏輯學的術語而已，因為大乘佛教中並沒有提到「返體」、「他遮」等這些觀念。《解深密經》云：「行界勝義相，離一異性相，若分別一異，彼非如理行。」也就是說，用概念的「一」或「異」去定位「超越一與異」的法，是非如理作意。

所以，去進行這種二元分類也不合理：雖然對邏輯學家來說，「能與否經得起理智觀察」是非黑即白的，但對中觀派來說，本來就沒有任何「法」能經得起理智分析，佛經上也曾提到三諦或四諦，故明確的界定「分類為二諦」並不合理。

再者，二諦也不是互不相容的：某些經論上說一切所說都是世俗，勝義也可以歸入世俗；或者說世俗只是錯亂，如同「繩子上的蛇影」。然而，一切法的本性都是法性，因此也說只有一個勝義諦。

所以，主張「沒有少於二諦的可能」也與自己的話相矛盾，因為論者自己提出了「勝義不適合作為二諦之一」的質疑，並給出了回答。

一般而言，有人認為勝義是無遮，有人認為是非遮，有人認為是常住的實法。宗派之間，為了破除對方的執著而說是無遮、為了破除對無遮的執著而說是非遮、為了破除對空無的執著而說是具有功德的常住，這些解釋、這些說法都不矛盾。

但是，如果自己執著於這些說法，那就都遠離了勝義：因為「否定」是「執無」的觀念，「肯定」是「執有」的觀念，但這一切觀念與執著對於「認識實相」來說都是顛倒的。

如果說勝義是無遮，那就成了與「有」相對的「無」。如果說其是非遮或常住的實法，那就成了與「無」相對的「有」；但這兩者都不對，因為執有是常見，執無是斷見。凡是視諸法為「有」或「無」的人，就看不到諸法的寂滅性，所以佛陀否定了「有」和「無」的二邊對立。

不要說勝義了，即使是世俗的煩惱，若細究之，也不能論證為「實有」或「實無」。因為若「本性有」就無法斷除，若「本來無」也不需斷除；「實有」和「實無」都是有為，若勝義是「實有」或「實無」，就會淪為有為法。

畢竟，如來無論涅槃與否都不住於四邊（有、無、亦有亦無、非有非無），這些都只是邊見，執著「有」或「無」不過是妄想，而在見到真理時，任何妄想都不會存在。

《中論》云：「定有則著常，定無則著斷，是故有智者，不應著有無……淺智見諸法，若有若無相，是則不能見，滅見安隱法……以三世無故，無有無分別……若人說有我，諸法各異相，當知如是人，不得佛法味……若人見有無，見自性他性，如是則不見，佛法真實義，佛能滅有無，如化迦旃延，經中之所說，離有亦離無……若煩惱性實，而有所屬者，云何當可斷，誰能斷其性？若煩惱虛妄，無性無屬者，云何當可斷？誰能斷無性……有無共合成，云何名涅槃，涅槃名無為，有無是有為……如來滅度後，不言有與無，亦不言有無，非有及非無。如來現在時，不言有與無，亦不言有無，非有及非無。」《月燈三昧經》云：「分別有無者，是則苦不滅，於有無分別，淨不淨諍論，遠離是二邊，智者住中道。」《寶星陀羅尼經》云：「『若所有物、若一切智，有性、有相、有名字耶？』持智菩薩白佛言：『不也！婆伽婆！若『有』言說即墮常見、若『無』言說即墮斷見，乃至中道亦不可得、非有非無。』」《大集經》云：「住於實際，於物非物，無有二相，以聲明空，空性非聲，無有音聲。」《海意菩薩所問淨印法門經》云：「大梵！無相義者即佛法義，佛法義者即不墮句義，不墮句義者即寂靜義。」《大乘智印經》云：「增長我見有差別，智者了知法無二，明與無明本同體，由不信故懷驚怖。」《弘道廣顯三昧經》云：「若有起習想，無處亦不習，已過無習處，得致最上道……其習是道者，當如如本無，如本知本無，是謂應道習。」《大樹緊那羅王所問經》云：「諸法非有亦非無，以因緣故諸法有，如電暫現尋復滅，其心常樂如是觀。」《思益梵天所問經》云：「真聖諦者無有虛妄。」這些大量的大乘經論都異口同音地如此強調，可見若將勝義判斷為「有」、「無」等四邊的任何一邊，就不是中觀思想者，所謂：「非有亦非無，非兼非非兼，解脫四邊者，中觀者應知。」

◇◇ 小心！不要愛上解藥！

然而，藏傳佛教後期學者在解釋這類文獻時，部分人會害怕「世俗不是本性有」的觀點，因此就曲解為：「世俗不是不存在，勝義不是存在。」或「世俗不是在世俗中不存在，勝義不是在勝義中存在。」這實際上是產生了一種誤解，認為世俗的幻象是「本性有」，而勝義如「兔角」般根本不存在。

有些人又害怕「空性」是遠離一切戲論的境界，認為必須有一個「確定有」的勝義，故說：「世俗不是存在，勝義不是不存在」等，直接產生了對勝義的執著。

這些都如同對發燒病人使用樟腦時，非要加入苦楝和胡椒的汁液，或是無論用什麼藥都必須加入毒藥一樣。這是為了反對某種學說，而扭曲那種學說，實際上是在破壞傳承。

如果允許這樣解釋，那麼外道也可以接受這些論述。例如斷見思想的順世外道也可以說「前世後世不是存在，現在的人我不是不存在」，或者說「佛教的解脫不是存在，外道沒有解脫不是不存在。」等，任何主張都可以這樣添加文字而不會有任何問題，但這都不過是文字遊戲。

更有些在藏地如日月般著名的學者說，必須承認有一個介於兩邊之間的「中」，這就是勝義、他空、大空，是常住的實體，不變、永恆，空於暫時的污染，但「不空」於十力等一切功德，是大智慧的境界。

一般來說，佛法的方式無量無邊，為了消除執著於「空無是勝義」的偏空見，以及為那些已超越常斷二邊、無論對其如何說法都不會生起增益或損減等偏執的的純淨根機者，對這些人來說，確實佛經有許多將「法性」解釋為「常住」、「堅固」的內容。

這就像身體健康、力量充沛的人可以享用一切美味佳肴。但對於被執著的痰病所困擾的人來說，在需要用空性來淨化的時候，就不能這樣說了：因為「邊」和「中」是相對而立的，如果否定了「邊」，就無法建立「中」。世間不存在沒有「邊」的「中」；如果有「中」，就必然有相對的「邊」。即使是一個極微，也可以分出左、右、中三部分，而中間部分又可以再分左、右、中，只要有對「中」的執著，就必然會有對「邊」的執著。

這也可以從經典中得到證明，佛陀曾對頻婆娑羅王說：「無邊故無中。」《月燈三昧經》云：「遠離是二邊，智者住中道。」《大集經》云：「賢護！彼一切法無所有、不生。然彼定有分別即是一邊、定無分別復為一邊，然此二邊所有是無寂定、非無寂定，無思量處、無分別處、無證知處、無經營處、無聚集處、無思念處、無發起處。賢護！是名中道——所有數事處等但依世諦說故。」可見「中」與「邊」都是世俗、不存有於勝義之上；佛經上還提到菩薩摩訶薩不應渴求智慧、不應執著智慧。

所以若還有「有」、「無」、「中」等戲論的觀點，則無法見佛。

《中論》云：「寂滅相中無，常無常等四，寂滅相中無，邊無邊等四，邪見深厚者，則說無如來，如來寂滅相，分別有亦非……如來過戲論，而人生戲論，戲論破慧眼，是皆不見佛……有尚非涅槃，何況於無耶？」《寶行王正論》云：「無尚非涅槃，何況當是有？有無執淨盡，佛說名涅槃。」識與智的範圍也將無差異可言，《中論》云：「如來所有性，即是世間性，如來無有性，世間亦無性……涅槃與世間無有少分別。世間與涅槃，亦無少分別。涅槃之實際，及與世間際，如是二際者，無毫釐差別。」

因此，堅固地執著勝義諦為「有」的這種心態，並非作為其論據的佛經群之本意。《密嚴經》云：「佛體不可見，亦非無有佛，定者觀如來……計著於有無，若我及非我，或言一切壞，或言少分滅……佛體最清淨，非有亦非無，遠離於限量，及以能所覺，妙智相應心，最上之境界。」如果存在一個所謂「勝義的本性」，那麼一切法就不應有不同的特徵，但這並不合理。

同理，若勝義的空性確實「成立」，那麼這個空性就不是用來破除實執的工具，反而成為需要被破除的對象。《密嚴經》云：「若法有自性，及以諸相者，藥無除病能，病者不應差……物體若是空，即無能所破……一切諸眾生，生於種種見，欲令斷諸見，為說於空理。」《解深密經》云：「云何諸法遍計所執相？謂：一切法名假安立自性差別，乃至為令隨起言說。云何諸法依他起相？謂：一切法緣生自性，則：此有故彼有、此生故彼生。謂：無明緣行、乃至招集純大苦蘊。云何諸法圓成實相？謂：一切法平等真如。」

◇ ◇ 一切都只是橋

佛陀曾以「眼翳的缺陷」為喻：將遍計所執比作眼翳所見的影像，將依他起比作眼翳本身，將圓成實比作眼翳消除的狀態。由此可知，「有」、「無」等概念屬於遍計所執；因此，如果承認勝義諦是「有」（即屬於觀念可及），就等同於將圓成實誤認為遍計所執了。《入楞伽經》云：「於未來世依諸外道邪見心熏習，增長虛妄分別……」就是針對未來會發生這種情況的預言，並強調若是落入這種思想，則會墮入「我執」的陷阱。

另外還提到：「而彼外道自壞壞他說如是言：『諸法不生、不滅、有無寂靜。』」提及未來會出現的「誹謗」情況。《入楞伽經》云：「佛慧大悲觀，世間離生滅，猶如虛空花，有無不可得……火輪禽趣水，實無而見有，常無常及一，二俱及不俱，依無始因縛，凡夫迷惑心，鏡寶水眼中，現諸種種像……真實智善觀，無緣無妄想，第一義無物，云何智分別……若能見世間，有無非有無，轉於虛妄心，得真無我法……凡夫妄分別，見諸法實有，若如彼所見，一切應見真……先有故言無，先無故言有，是故不說無，亦不得說有……但心所行處，皆是世俗論，若能觀自心，不見諸虛妄……常無常及作，不作彼此物，如是等諸法，皆是世俗論……世諦一切有，第一義諦無……過現及未來，涅槃及虛空，我依世諦說，真諦無名字……離一切戲論，智不住迷惑，諸法無體相，空及常無常，心住於愚癡，迷惑故分別，說是諸法者，非說於無生。」《大般涅槃經》云：「於波羅奈為中精進轉於法輪，今於此間拘尸那城為上精進轉大法輪。」

佛陀為了消除執著於「無常」等損減的極端偏見，故宣說：「法身具有四種功德」。然而，這並非在教導某種實在的、永恆的實體。當解釋「法性本來清淨，永遠不會變得不清淨」等概念時，「常」的意思是指這種狀態的持續性，而不是指某種可被執著為「實有」的永恆之物。

這種教導的目的如《大般涅槃經》云：「善男子！是有是無是名空空，是是、非是是是名空空。善男子！十住菩薩尚於是中通達少分猶如微塵，況復餘人？善男子，如是空空，亦不同於聲聞所得空空三昧，是名菩薩觀於空空……菩薩摩訶薩修大涅槃，於一切法悉無所見，若有見者不見佛性、不能修習般若波羅蜜，不得入於大般涅槃，是故菩薩見一切法性無所有。善男子！菩薩不但因見三昧而見空也：般若波羅蜜亦空、禪波羅蜜亦空、毘梨耶波羅蜜亦空、羼提波羅蜜亦空、尸波羅蜜亦空、檀波羅蜜亦空、色亦空、眼亦空、識亦空、如來亦空、大般涅槃亦空，是故菩薩見一切法皆悉是空……佛性者名『第一義空』，第一義空名為智慧，所言空者：不見空與不空。」

該經還強調，恰如有牛奶就會產生酥油、有心就能成佛，因此眾生具有佛性。佛陀會依據眾生的根器，有時說「無我」為「我」、有時說「我」為「無我」。就像盲人看不見色相，眾生也看不見自己如金剛般堅固的本性。又如牛奶中雖無酪，但因可從牛奶生出酪、故說牛奶中有酪，「眾生有佛性」的說法也是如此。

另外的佛經則主張，「無」可分為六種：非有之無、暫時之無、稀少之無、未經歷之無、執持惡法之無、無對應之無。「因」則可分為兩種：生起之因和顯現之因。

我們可以理解為：眾生是佛性的真理之因，波羅蜜多等是其助緣之因，部分經典則將「信心」、「四無量心」、「十地」等功德也稱之為「佛性」；畢竟，萬法都不絕對、唯依緣而起。

「不見」也有八種：遠而不見（如空中鳥跡）、近而不見（如睫毛）、壞不可見（如過去）、亂想故不見、細故不見、障蔽故不見、眾多固不見（如米堆中的芝麻）、相似故不見（如豆堆中的一粒豆）。雖然這些內容看似乎包羅萬象，但實際上都是在教導我們：不應執著於任何觀點。

《大般涅槃經》云：「善男子！若有說言：『一切眾生定有佛性、定無佛性，是人亦名謗佛、法、僧。』善男子！是故我於契經中說：『有二種人謗佛、法、僧，一者不信瞋恚心故，二者雖信不解義故。』」所以，不論是偏執的主張「常」或「無常」，都是在誹謗勝義。

《大方等無想經》雖然直接用「如幻」等隱晦的語言，或者用「常住」、「寂靜」等字面意義的詞彙來描述勝義諦，但這並不意味著佛陀在教導一個我們的心識能夠想像的「常住」之勝義諦，所謂：「如來為眾生，現受方便身，諸佛身常住，法界亦復然……如來不思議。」故佛身、佛法等都是同樣不可思議。

《央掘魔羅經》雖然強調如來藏常存、堅固且不生不滅，但那是為了消除「執『空無』為『勝義』」的觀點而說，所謂：「嗚呼今世人，二人壞正法，謂說唯極空，或復說有我。」佛陀指出聲聞、緣覺的解脫如同燈火熄滅的「斷滅」，這種無餘涅槃無法利他。相比之下，「圓滿佛果」則具足一切功德、能無間斷地利益眾生，這種功能如虛空般廣大。

佛陀為了說明這些差異，將聲聞、緣覺的解脫描述為「無實體」、「無我」和「無色」，而將大乘的解脫描述為「有實體」、「有我」和「有色」。但這並不意味著大乘的解脫是物質性的。

總之，「一無所有」的空，絕非中觀派所主張的空性。《中論》

云：「不能正觀空，鈍根則自害，如不善咒術，不善捉毒蛇……大聖說空法，為離諸見故，若復見有空，諸佛所不化。」若有人帶有偏執與執著，則無法理解空性，《中論》云：「世尊知是法，甚深微妙相，非鈍根所及，是故不欲說。」

同樣，《大法鼓經》中將「真我」和「佛」解釋為常住，是為了破除那些偏執「一無所有是勝義諦」的佛教內部觀點。經中將他們比作外道，目的是要摧毀他們對「無」的執著。

簡而言之，「有」和「無」只是心識的認知與偏執，但無論心識如何偏執，那都不是事物的真實狀態。雖然沒有任何「經驗」是心識能夠真正把握的，但因為顛倒的習氣，我們總是產生偏執、並自以為能夠掌握。因此，離開心識的偏執範疇，來談「自性存在」或「自性不存在」是不可能的。而心識所偏執的「有」「無」也並非真實。

《佛母寶德藏般若波羅蜜經》云：「彼無所有不可得，愚癡著相謂有無，有無二法皆非實，出此了知乃菩薩……眾生愚癡復盲冥，樂住世間求境界，法無所住無取得，從無所住生世間。」《解深密經》云：「何有為非有為非無為、無為亦非無為非有為……乃是本師假施設句。若是本師假施設句、即是遍計所執言辭所說。」所以，如《佛母寶德藏般若波羅蜜經》云：「此愚迷人所見倒，於不實法生實想，譬如得食疑有毒，以虛妄見而不食。愚人妄心生我想，以我想故有生死。」

眾生因為顛倒的偏執而作繭自縛、如同幼蠶一般。佛陀出於大悲，為了破除這種執著，用言語和思維可表達的方式，全方位地教導那些本不可言說、不可思議的法，以期引導眾生最終體悟那「超越言語和思維」的真實法性。這種教學方法如《不退轉法輪經》中阿難所說：「涅槃非涅槃，救度於世間；猶如空中結，以空而自解。若能如是說，亦名有所說；世尊善方便，而說無著法。」

◇◇ 荒唐怎麼開始的？

設問：心識是如何標定「有」或「無」呢？

答：舉例來說，牛角並非真實地、本性地存在，兔角也並非真實地、本性地不存在。

然而，當我們看到牛或水牛頭上有突出的東西時，我們就貼上「這是角」、「這有角」的標籤；但當我們看到兔子，沒有看到像牛或水牛頭上那樣的東西時，我們就標定「這沒有角」。但是，這些只是約定俗成的表達方式，因此才有「牛有角」和「兔子無角」的判斷。實際上，如果我們沒有先產生「牛有角」的念頭，就不會再產生「兔子無角」的想法。

《密嚴經》云：「譬如石女兒，兔角毛輪等，本來無有體，妄立於名字。師子熊羆類，此皆無有角，何故不分別，唯言兔角無？善巧談論者，豈不能宣說？古先諸智人，但說兔無角，惑者妄分別，如瘖及聾瞽。斯人無現智，不能自證法，但隨他語轉，何用分別為？」

雖然我們將一切偏執為「有」或「無」，但這種「有」「無」並非真實。例如，當牛和兔子的影像同時出現在水中，或在幻術、夢中出現時，牛角的「有」和兔角的「無」都一樣不真實。當影像消失、幻術破滅或夢醒時，我們就確定它們的不真實性。即使在影像存在、幻術顯現或做夢時，牛角的「有」和兔角的「無」在真假上也沒有任何區別。因為連牛和兔子本身在顯現的當下都並非真實存在，更何況是它們的角呢？

因此，「有」、「無」、「是」、「非」、「真」、「假」等概念都是我們自己的妄想，就像小孩在空中打結，或蠶用自己的絲纏繞自己。當我們停止產生這些概念時，就沒有其他東西束縛我們了；又恰如把海市蜃樓誤認為水一樣，但當這種錯誤的執著消除時，我們稱之為「見到實相」或「見到勝義」。這時，並非有什麼新的東西出現或舊的東西消失，就像海市蜃樓中並沒有水乾涸或添加。只是在之前誤認為水時，我們會尋找飲用或渡河的方法而徒勞無功；當認識到自己的誤解後，就不再需要這些努力了。

簡而言之，我們是在消除針對單純的「顯相」所產生的的增益和損減，而不是要又創造一個像「虛空」一樣空無一物的狀態。故本論云：「我們要瓦解的，並非見、聞、覺、知的經歷，而是要瓦解苦難之因，也就是執著這些經歷為『諦實』。」

當我們不再將海市蜃樓誤認為水時，那藍色閃爍的影像是否存在，其實已經無關緊要了。同樣地，對於現象的「真實性執著」

是世俗人的認知；但若認為必須通過「對治」來「消除現象」，使之成為如同倒塌房屋後的虛空，或熄滅的燈火那樣才是「勝義」，這兩種看法都是對中觀空性的誤解，是「片面的空性」。

當這兩種錯誤認知都被糾正時，我們就會了解到：所有顯現和聲音的現象都如幻化；它們在因緣具足時「顯現」，因緣不具足時就「不顯現」。無論是在還沒有糾正增益和損減的錯誤認知前、還是在糾正後，這些現象本身並沒有任何區別，差異只在於我們是否了解它們的本質。

因此，從那時起，我們就不再執著於現象的顯現與否，就像在夢中知道自己在作夢的人，不會執著夢境的真假，或是想要消除夢境，而是能夠自在地體驗夢境一樣。這種狀態就如同蓮花在水中卻不被水沾濕，雖然生活在世間，卻不被世間的過患所染。

我們在這種境界中，會發現一切法既不是被看見，也不是未被看見，既不是兩者都是，也不是兩者都不是。這種「看見一無所有、一無所見」，被稱為「真正的見」。除非是為了教化眾生，否則在這種狀態中，一切概念和關注都已止息，不再有任何關於真實或不真實的妄想。

◇◇無量的經證

《大乘入諸佛境界智光明莊嚴經》云：「如是所說：若見緣生即能見法、若能見法即見如來。彼諸所見，若其如理審伺察時，是中亦無少法可見。妙吉祥！何名少法？謂心所緣。若無心所緣、即無所見，由如是法故如來成等正覺平等、故平等。」《入楞伽經》云：「廣慧！若諸菩薩於內各別如實不見阿陀那、不見阿陀那識，不見阿賴耶、不見阿賴耶識，不見積集不見心，不見眼色及眼識……不見意法及意識，是名勝義善巧菩薩、如來施設彼為勝義善巧菩薩。廣慧！齊此名為於心意識一切祕密善巧菩薩、如來齊此施設彼為於心意識一切祕密善巧菩薩。」《月燈三昧經》云：「如虛空無物，諸法亦如是，前後及現在，三際如實觀，言說如虛空，空中無取故，如是法體性，無取如虛空。演說如是法，曾無有所說，於法無所見，是乃不思議。」《首楞嚴三昧經》云：「如是一切凡夫憶想分別，顛倒取相，是故有縛；動念戲論，是故有縛；見聞覺知，是故有縛。此中實無縛者、解者。所以者何？諸法無縛，本解脫故；諸法無解，本無縛故；常解脫相，無有愚癡。」這是在告訴惡魔本無束縛，不過是受自己觀念自縛，一切眾生也是如此。《集一切福德三昧經》云：「若見一切法性常寂，是名修正思惟所見。若正觀一切法性常定，是名修正思惟所見。若正觀諸法畢竟不生，是名修正思惟所見。若正觀一切法實無常，是名修正思惟所見。若正觀一切法無常滅，是名修正思惟所見。若彼見者及以所見都不可見、如如見如不見，如是名為說示思惟……云何正見？謂：不見法。」《寶星陀羅尼經》云：「『婆伽婆！若法不可說、彼不能得菩提。』佛言：『汝今當知：無得菩提亦無菩提可說。』」《文殊師利現寶藏經》云：「於法無所受，於言亦無言，如也。無有身無意無說，我等亦非無住，如是三界皆平等。吾等亦非無所習如也，無樂亦不等見，我等亦無閑居，一切三界而無有行閑居。吾等亦不行空，亦無所行，如也。」又如所謂：「不見法為法，法不知諸法，知者及諸法，二者皆無有。」《大薩遮尼乾子所說經》云：「不見一切相，名見如來。」《大方等大集經》云：「所得慧眼了了淨故、斷二見故、淨智慧故，若不見淨、不淨，不見非淨、非不淨，是人即能明見如來。」《弘道廣顯三昧經》云：「『耆年意以解乎？』答曰：『以解。』濡首復曰：『其誰縛心而有解乎？』答曰：『濡首！以心結解、非脫有解致慧見也！』曰：『唯！迦葉！其無縛心、以何解乎？』迦葉答曰：『知心無縛、斯則為解。』」《諸法無行經》云：「知法無有性，不壞一切法。」《月上女經》云：「夫菩提者無有言說，但以假名文字說耳……夫阿耨多羅三藐三菩提者，彼無生處亦不可說！」所謂：「真實見者即無所見，無所見者即平等見、非無平等。橋尸迦！如是見者，見諸如來！」《法集經》云：「見非因緣名為見空，見非空名為不見。世尊！是名正見諸法。」可見相關的經論根據非常廣泛。

◇◇停止荒唐，逮得一切。

如此理解的人：
因為不再受欺騙，所以稱為「見到真實」。
因為超越了世俗的見解，所以也稱為「一無所見」。
因為擺脫了對實在性的執著，所以稱為「見到空性」。
因為既不執著於「非空」也不執著於「空」，所以稱為「解脫空與非空」。
因為理解「空性」也只是名稱而已，所以稱為「不見空性」。
因為一切功德都從這裡生起，所以稱為「見到具殊勝相的空性」。
因為擺脫了對人我和法我的執著，所以稱為「見到無我」。

因為超越了對「我」和「無我」的執著，所以稱為「見到真正的我」。
因為不再將心識視為實有，所以稱為「轉識」。
因為最終了知了自心本初以來的真實狀態，所以稱為「了悟自心、見到自心」。

《無上續》云：「如實看見真實覺性後，必得解脫。」《涅槃經》云：「是故菩薩見一切法性無所有。」《如幻三摩地無量印法門經》云：「了知一切法悉如幻化，乃至分別一切法皆是化事，以彼分別畢竟空故，而一切法亦復皆空。如是知已，即得如幻三摩地。」《方等般泥洹經》云：「其有解空空，彼空乃為空，其說深縛者，彼能解於空。」《無上續》云：「肖像則是具最勝相之空性……覺性平息有我及無我等一切概念故名真我。」《楞伽經》云：「轉於虛妄心……若能觀自心，不見諸虛妄。」《臨終智大乘經》云：「若悟心者，是為智慧，是故應修佛果不假外求想。」

因此，那些執著於邏輯詞語表面的矛盾，堅持一方而否定另一方的人，實際上是智慧淺薄、對真實義理的洞察力不足表現，他們不了解大乘教法浩瀚如海的內涵。

◇◇用言語擊破言語

簡而言之，將勝義諦作為執著的對象，用名詞、語句來表達的，是「名字勝義」；而聖者們在禪定中以各自的智慧所親證的，才是「非名字真正勝義」，《中觀莊嚴論》云：「故諸善逝說，萬法皆無生。切合勝義故，此稱為勝義。」

然而，「名字勝義」雖然是心識所假立的概念，不是真正的勝義，但它是引導人們趣入真正勝義的直接方法，所以被歸類為勝義。這就是為什麼它被稱為「名字勝義」的原因，這種勝義諦並非要在「世俗」之外他求。

《密嚴經》云：「一切法空性，與法常同體……諸法亦如是，空性與之一，展轉無差別，所為皆得成。」《大般涅槃經》云：「善男子！世諦者即第一義諦」可見二諦本質無異，佛陀更為了詮釋這個主題，而於《大般涅槃經》云：「『世尊！若爾者則無二諦！』佛言：『善男子！有善方便隨順眾生說有二諦。善男子！若隨言說則有二種：一者世法、二者出世法。善男子！如出世人之所知者名第一義諦，世人知者名為世諦。」可見二諦是從「視角」才有差異。《月燈三昧經》云：「若人能知空，即便知色相，無有異空說，別有色自性。若能知色者，是則能知空；若能悟空者，是則知寂滅。若人能知色，是色相如是……若能知此法，便能見非有。常無有所證，畢竟無有故。」《文殊師利現寶藏經》云：「塵與佛法有何異乎？」所謂：「如來演諸法，性無異無分……或說一有為，或說一無為，如是許說者，不勤善逝教。二人所說法，遠離世尊教，善逝所說法，無一亦無異。」《弘道廣顯三昧經》云：「緣生彼無生，是不與自然，善緣斯亦空，知空彼無欲。」《維摩詰經》云：「色空不色敗空，色之性空。」所謂：「俗心及菩提，不見其有異，菩提之性相，心性亦如是。」《諸法無行經》云：「菩提與貪欲，是一而非二，皆入一法門，平等無有異。」《法集經》云：「空及一切煩惱，此二即一，無差別。」可見經典上的相關引據非常廣博。

我們只是從現象表現的方式、觀察者和認知方式的角度，將單純「顯現」分立為二諦。但這二諦並非如螺和白色那樣，可以被認定為「一」或「異」。事實上，我們無法將它們確定為「一」或「異」，因為真實層面上，事物的自性沒有「一」或「異」，而「一」或「異」不過是是心識的妄想。無論心識如何判定，它們都不是客觀上的存在。所以《入二諦論》云：「無分別而悟，名言謂見空，甚深經中說：彼不見即見。」

所有主張：「『一無所見』就是『見到真實』」的說法，可以理解為有如我們親身確定「親見虛空什麼都沒有」一樣，如《佛母寶德藏般若波羅蜜經》所云：「起虛空見眾生相，虛空無相不可得，佛説法法非相應，不説非有非無相。」不應將這種「不見」理解為如同閉上眼睛而看不見東西那樣，或因無明和遮蔽而不見，所謂：「雖見諸法取無所見故許『不見』，非如睡眠乃至閉眼無作意故而名『不見』。」

◇◇ 彌勒菩薩怎麼說？

這裡要簡單附論廣大行派的思想，該派的文獻認為「遍計所執性」是「假世俗」、「依他起性」是「行世俗」而「圓成實性」則是「顯了世俗」，《辨中邊論》云：「應知世俗諦，差別有三種，謂假行顯了，如次依本三。」

同理，勝義諦也分成：一、義勝義。二、得勝義（如涅槃）。三、正行勝義（如聖道）。《辨中邊論》云：「勝義諦亦三，謂義得正行。」

這裡說的「三無自性」是：

一、遍計所執無自性：如「名言概念」等，它們就像眼翳者見到的空中飄髮。這完全是妄想，根本不存在，故稱「相無自性」。

二、依他起無自性：泛指一切緣起現象，它們如同空中飄髮的顯像，雖然如幻顯現但無自性，故稱「生無自性」。

三、圓成實無自性：這包括：

（一）人無我：雖然屬於依他起（如幻術的水），但因為是證悟勝義的因（如渡過幻水的幻船），故歸類於「勝義無自性」。

（二）法無我：這是修行者為證得覺悟而努力修持認識之真理：它如同虛空無處不在又無處可得，或如空中飄髮本不存在、也無處可去，故稱「勝義無自性」。

佛陀基於這三種「無自性」，用「無生」等詞來教導真理，《解深密經》云：「云何諸法遍計所執相？謂：一切法名假安立自性差別，乃至為令隨起言說。云何諸法依他起相？謂：一切法緣生自性，則此有故彼有、此生故彼生；謂：無明緣行乃至招集純大苦蘊。云何諸法圓成實相？謂：一切法平等真如。於此真如諸菩薩眾勇猛精進為因緣故，如理作意、無倒思惟為因緣故，乃能通達。於此通達漸漸修集，乃至無上正等菩提方證圓滿。善男子！如眩瞖人眼中所有眩瞖過患、遍計所執相當知亦爾。如眩瞖人眩瞖眾相，或髮毛、輪、蜂蠅、巨勝，或復青、黃、赤、白等相差別現前，依他起相當知亦爾；如淨眼人遠離眼中眩瞖過患，即此淨眼本性所行無亂境界，圓成實相當知亦爾……善男子！譬如空花相，無自性性當知亦爾。譬如幻像生，無自性性當知亦爾、一分勝義無自性性當知亦爾。譬如虛空惟是眾色，無性所顯遍一切處，一分勝義無自性性當知亦爾、法無我性之所顯故、遍一切故。善男子！我依如是三種無自性性密意，說言一切諸法皆無自性。」

藏傳佛教中，有些人將甚深見派的思想解釋為「理性分析後什麼都不剩的無遮是『空性』」，而將廣大行派的思想解釋為「『勝義他空』是唯餘常恆的存在」。他們各執一端，認為對方要麼落入常見、要麼落入斷見。然而，「有」和「無」都不是甚深見派或廣大行派所說的勝義，如《中論》云：「定有則著常，定無則著斷。」經中所說：「說有是常見，說無是斷見。因此，智者不應住於有無。」廣大行派的經典也將「有」和「無」視為遍計所執、如同虛空中的花朵一般根本不存在。

這兩大傳承實際上見解一致：它們都將世俗諦分為遍計所執（如名言等純屬妄想）和依他起（如緣起的虛妄顯現），而將勝義諦稱為圓成實；兩傳都將「勝義」描述為離諸戲論。它們都用「空中髮絲」的比喻來說明世俗如幻，用「虛空無處不在又無處可得」的比喻來說明「勝義不可言說」。

因此，甚深見派主張「破除『增益』和『減損』的偏執」就是證悟真實；廣大行派則認為，就像病人去除眼翳後，不會看到空中髮絲，而會見到真實的虛空一樣，去除遍計執後，依他起的相也消失，這就是見到圓成實。這兩種說法實際上沒有絲毫差別。

有人主張：「『他空』是超越有無的存在！」但我認為這只是詭辯！同理，如果我說它是超越有無的「不存在」，又有什麼問題呢？我們不應在佛法中引入陌生的術語。

部分極端的唯識學派主張：「『依他起』上空『遍計所執』就是『圓成實』。」我認為這種說法明顯是不了解廣大行派的思想，因為該派的文獻主張：遍計所執如眼翳、依他起如因眼翳所見的髮絲，圓成實則如治癒眼翳；當眼翳痊癒，髮絲的顯現消失，所以依他起的相真實消失時，基於它而生的遍計也就不存在了。

有人認為：甚深見派文獻所說的「無生」是文義一如的，但廣大行派從「三無自性」的角度來解釋「無生」，則並非文義一如。我認為，甚深見派所說的「無生」最終也不是如其字面上的意思，因為先要有生才能無生，如果本來無生（不曾有生），則也談不上無生。可見，這只是為了打破初學者對「生」和「滅」的執著，而暫時說「無生」的。

◇◇ 其實沒有真或假

那麼，經論上為什麼要設定二諦呢？這是佛陀為了開示「福德資糧」而設立「世俗諦」的概念；由此而生的離言勝義諦則是「智慧資糧」。因為菩提依於二資糧而有，所以設定「二諦」的觀念。《入中論》云：「由名言諦為方便，勝義諦是方便生，不知分別此二諦，由邪分別入歧途。」《中論》云：「若不依俗諦，不得第一義，不得第一義，則不得涅槃。」《入二諦論》云：「無正世俗梯，智者將不能，拾級而上達，真理大廈頂。」

有些人說：因為對境可分為「經得起分析」和「經不起分析」兩種，心識也可分為「錯亂」和「正確」兩種，有情可分為「輪迴」和「涅槃」兩種，所以可以確定二諦的差異確實存在。

然而，我認為，究竟的「經得起分析」並不可能存在，而暫時的「經得起分析」相對於「錯誤的世俗」來說也是「正確的世俗」、佛的兩種色身也是「正確的世俗」，若按照這種說法就會導致它們成為錯亂心識可及的對象；再者，根據《央掘魔羅經》等的意旨，小乘的涅槃也被說為非勝義。因此，我認為這種解釋方式無法界定二諦的的設定與差異。

那麼，是否萬法在任何情況下都一定或是四諦、或是二諦呢？雖然佛陀基於不同需要，時而開示四諦、時而開示二諦，但就究竟義而言：苦諦和集諦本質上並非真實存在，道諦如同渡河的船筏，最終也要捨棄，因此不是真諦。世俗諦本質上是虛妄的、空洞的、不實在的，所以不能成為真諦。

因此，唯有一切法本來寂滅的「大滅」、「無住涅槃」，才是唯一的勝義諦和真諦。正如《大集經》中說：「復有一諦，何等為一？於一切法無所倚著。」《大乘智印經》云：「一真實諦離開見，或言四種亦隨宜。」這就是說，一切法本質同一、唯一真諦。

當然，終極了義上來看，根本沒有「真諦」和「虛假」可說，《大乘智印經》云：「法界實無一眾生，亦無一字可言說。」《思益梵天所問經》云：「梵天！是故當知：若非實非虛妄者是名聖諦。」《中論》云：「諸法不可得，滅一切戲論，無人亦無處，佛亦無所說。」

正因為「能知」和「所知」是相互依存的概念，因此在究竟義上兩者都不成立。僅僅是遠離了顛倒思維中「增益」和「損減」的偏執，我們就稱之為「見到真實」或「安住於法界」；不過，這只是一種約定俗成的說法。《大乘莊嚴經論》云：「解脫唯迷盡……生死與涅槃，無二無少異。」《中論》云：「不離於生死，而別有涅槃，實相義如是，云何有分別？」可見，在遠離一切所緣、平息一切見解的境界中，「甚深見派」和「廣大行派」這兩大傳承的思想完全一致。

因此，唯識派主張「心識是真實存在的」這種說法，也不符合廣大行派的意趣，畢竟連《大乘莊嚴經論》都說：「心外無有物，物無心亦無，以解二無故，善住真法界。」

◇ 大家怎麼看？

據說，外道認為他們的導師濕婆有四面，宣說了四種學說。佛教的《時輪金剛》也提到時輪有四面，對應四種出生方式及四種外道學說。梵天派、敬日派、裸行派和結髮派，同時也講述了四種內道學說，以及身、語、意、智等四法。

因此，外道主要分為四派，並以其創始人命名：梵天派、毗濕奴派、濕婆派和迦提克派。

一、梵天派即婆羅門教。他們認為梵天四面宣說的四吠陀《梨俱吠陀》、《娑摩吠陀》、《夜柔吠陀》、《阿闥婆吠陀》是無為而常存，並且只有婆羅門和剎帝利可以研讀；四種種姓則分別從梵天的口、臂、腿、足而生，並主張通過〈馬祭篇〉所說的「祭祀白馬」能得解脫。
二、毗濕奴派認為毗濕奴是世界的創造者，以歌詠為修行方法。其中包括勝論派和正理派。
三、濕婆派（又稱寂靜派）認為濕婆是造物主，以淫欲為修行方法。其中包括數論派、順世派和彌曼差派。

這些學派都認為「我」和「三世」是常住的，遍及一切。細究之：數論派認為三德（悅性、激性和闇性）平衡時為「自性」，是常住的造物主；「神我」是常住的享受者，既非自性也非其變異。他們認為從自性生出「元素」等二十三種轉變。當「神我」通過「元素」認識到自性的造作時，自性會因此停止造作，這就是解脫。

正理派則認為「我」沒有心理活動。

迦提克派分為兩類：

順世外道：他們認為，如同「酒」雖無前後世，但仍由穀物和糖等混合而生。同樣，眾生也是由四大元素和合而生，包括人、畜生等有明顯意識的眾生，以及樹木等無明顯意識的眾生都是如此。他們否認轉世與因果、主張「斷見」。

耆那教（裸行派）：又稱勝論派、應供派或空衣派。他們認為靈魂常住，與身體等大。三界之上有解脫天堂，形如倒置的白傘蓋，高四百五十萬由旬。他們主張只要進入那裡，就不會再退轉。他們甚至認為樹木等也有飲水的行為，故擁有生命。

除了順世外道以外，這些外道多以梵天等神為皈依處。

與這些外道相似的是波斯人，他們以阿修羅為皈依處，認為光明神是造物主，若不取悅造物主，此身將墮入地獄；若取悅則得解脫。因此，他們以「生祭」來取悅造物主。

然而，上述這些觀點都有問題：首先，四部《吠陀》明顯是無常的，因為它們以名句文身組成而存在，曾被梵天誦讀、現在也被婆羅門誦讀。

其次，四種種姓若皆由一個梵天所生，就成了兄弟，更不該有高下之分。古代的廣嚴仙人曾在兒子舉行祭祀時說：「若立祭柱，殺祭牲畜，塗血升天，何人墮落？」這駁斥了祭祀的合理性。

第三，若說濕婆創造一切，那麼他們也應該做耕牛和奴僕的工作，這樣他們就會淪為眾生的奴僕；同理，我們明顯看到陶器等物品是由工匠製作，而非濕婆。

若說「我是常存、獨立而普遍」，那麼因親人的「我」必然常存，就不應有失去離世親人的痛苦可言，也不應有死亡；或者說某甲死去時，某乙也該死去，因為他們的「我」是同一個。

第四，若時間是常住的，毗濕奴的十種化身等也就不合理了。

特別是數論派認為「梵典的語音常存」，但這種主張等於承認梵典的語音如虛空一般毫無作用，且會引申出「梵音是不依賴因緣而常存」的謬論。

再者，數論派所說的「自性」是單一的，故不可能同時具有三種性質，因此「自性」並不存在；若「自性」不存在，由它所造的變異也就不可能存在。

正理派主張「我無心識」，但這與自我的概念相矛盾，相關觀點在論典中都有詳細的破斥。

若說「四大元素的和合作用，能產生具有感官的意識」，明顯無意識的生物也應具有感官和意識，或是明顯有意識的生物應該沒有感官意識，因為他們與無意識生物的構成機理一樣。這種觀點源於古代仙人對自己女兒的邪說：「少女啊！活著時要盡情享樂，死後就無法享受了，如同火熄滅後，灰燼被風吹散一般。」

若說「生命是常住且與身體等大」，那麼截斷肢體時生命就應中斷，但事實並非如此，這進而駁斥了「生命常住」的觀點。

若說：「解脫天堂如傘蓋一般有形。」那它就必須是微塵積聚而成，因此必然是無常的；另，若將甘蔗切成百段，生命是變成百個還是中斷？無論哪種情況，都與「生命常住」的主張相矛盾。若說生命因此而中斷，那小塊的甘蔗段插入土中就應不生長，但這與現實相悖。

若主張光明神創造一切，那麼光明神自身也應是受造作物，但自身造作自身是不可能的。若他是一切的造作者，那麼他造作的牲畜被用於祭祀時，理應不悅；或者說，即使做了祭祀也無益於造作者，因為祭祀者也就是造物主自己。

最後，捨棄這個身體後，自然不可能再以這個身體墮入地獄。

◇◇佛教的四個宗派

所謂：「佛見唯有四，第五非佛說。」所以佛教思想體系主要只有四個宗派，沒有第五個宗派或第四藏，《喜金剛密續》也云：「並說毗婆沙，如是說經部，說瑜伽行見，其後說中觀。」

有部師主張：三種無為法是常法，但僅是假立；色法、心法和不相應行法三類則是實有的有為法。他們認為三世實有，粗大的

「實有」是「共相」、「世俗諦」，微細的「物自相」和「識自相」是「勝義諦」。他們否定外道所立的我和造物主，認為境和心識直接接觸、不經「相」而有認知過程。

根據《時輪本續》、《無垢光大疏》、《文殊自許略說》、勝勇的《辨善逝教義論》和聖天的《智慧精要集》中一致引用：「虛空與二滅，三無為常住，一切有為法，剎那而無我，無作者可得，根生識無相，現知微塵聚，迦濕彌羅宗，大海教法藏，毗婆沙師論。」

經部師認為：三無為不實存，而「外境」與「自相」雖隱蔽存在，但當「識」緣取時，第二剎那會在「識」上產生「境相」——如印模一般，這就是我們所經驗到的「境相」；另外，不相應行、三世、無表色皆非實有。所謂：「識有相非根，實境非所行，虛空如石女，二滅同虛空，諸行非實有，三世亦非有，無表色非有，此乃經部宗。」這兩派都認為，「涅槃」有如「燈滅」一般，性質屬於「斷滅」。

唯識宗則認為：「微塵」等外境和「無我」等常法，都如夢境一般，只是心的顯現。心中所有的「能取」和「所取」的二元分別本來錯亂且不真實；但，遠離這兩種分別的「識」或「智慧」，即「自證自明之心」是實有，所謂：「無有有支物，微塵亦非有，如夢中所感，無境然顯現。離能取所取，本識真實有，此乃瑜伽行，海典究竟義。」

中觀派認為，即使是識或智慧，也不是真實存在的。因為若以「是一」或「是多」來分析，則發現其真實存在並不合理；也因為它不住於四邊（有、無、亦有亦無、非有非無），所謂：「智者亦不許，識存勝義中，離一與多性，譬如空中花。非有亦非無，非兼非非兼，解脫四邊者，中觀者應知。」

這些學派中，後者總是駁斥前者。例如：前前學派主張有「極微無分」等等，後後學派則駁斥：這並不可能，因為若這極微有六方各面，就成為有六個部分；若無六方各面，則應只存在於一個方向（如東方），若然、不就與山岳等粗大之物沒有不同？《唯識二十論》云：「極微與六合，一應成六分；若與六同處，聚應如極微。」

同理，極微塵既非「一」也非「多」：因為「一」是基於多個部分的聚集而「假立」，但「極微塵」論者否定其為多個部分所組成；「多」也不成立，因為它是基於「一個」與「另一個」再加上「又一個」的聚合而建立的，但「極微塵」論者也否定在此之外有「另一個」的存在。

再者，心識並無法直接、無中介地認知對象，否則連盲人也應能直接看到外境而不需依賴感官。若依賴感官，則被感官阻隔，就不是直接認知。

若說「直接認知就是感官的作用」，則感官和對象應如額頭相觸那樣直接接觸，這樣在看到火時，眼睛應被燒傷；看到刺時，眼睛應被刺傷，這些都是不合理的。

其次，經部師所說的「隱蔽外境」其實也不存在，因為心識受到「相」的阻隔，無法真的認識到它，恰如射出箭後的第二刻，箭不會呈現出「靶子」的「相」；或者關注佛像時，若心中呈現出佛的「相」，就不可能再呈現染污的「相」。因此，外境並非真實存在。

因緣的變化，能使同一對象瞬間顯現為可愛或可憎。如修不淨觀時，修行者會看到大地變為「遍滿白骨」，可見「顯像」是隨「觀想」而變；同一虛空，人視為懸崖，鳥視為道路，地獄眾生見為烈焰，天眼者見為眾生居處，天人見為宮殿。

（雖然現在人們談論水有六種不同顯現，但仍執著於作為顯現基礎的『水』的存在。為了避免這種偏執，我才用虛空作比喻。）

◇ 不是誤會，是幻想

阿底峽尊者曾說，承認有一個「空性的基礎」是唯識宗的觀點，但這就像主張對「虛空」施咒使之顯現為馬或牛一樣奇妙；畢竟，「水」和「空」在作為顯現的基礎上沒有區別，就像夢中雖沒有任何顯現基礎，仍由迷亂習氣而有夢境的顯現。因此，無論境界如何顯現，在顯現的當下就是不存在且沒有基礎的，一切都如夢幻。

《入楞伽經》云：「習氣擾濁心，似外境而轉，已滅二分別，智契於真如……世間離生滅，猶如虛空花……幻起尸機關，夢電雲常爾，絕三相續法，眾生得解脫……凡夫妄分別，見諸法實有，若如彼所見，一切應見真。」《月燈三昧經》云：「如幻作多身，謂男女象馬，是相非真實，諸法亦復然。譬如有童女，夜臥夢產子，生欣死憂感諸法亦復然……猶如泡沫及炎電，諸法亦如水中月……佛說如是相，其相不可得，如虛空無物，諸法亦如是。」《中論》云：「生住滅不成，故無有有為，有為法無故，何得有無為，如幻亦如夢，如乾闥婆城，所說生住滅，其相亦如是。」《外道問聖大乘法無我義經》云：「外道言：『若此者，笑哭、嬉戲、瞋怒、憎愛、兩舌等事，當何所見？』佛言：『如夢、如幻、如化、如影像相。』外道言：『云何夢相？云何幻化相？云何影像相？』佛言：『幻化非相，空非執持，夢本體空。如陽焰故，影像無色，虛假不實。』」

設論：「物質等境界直接顯現而可見，所以存在。」

答：其實，它們是眾生自心受無明染污，所投射出的「本不存在」之顯像，就像眼翳者見到空中飄髮，或擠壓眼睛時見到兩個月亮一樣。《月燈三昧經》云：「眼耳鼻無限，舌身意亦然，於根分別者，聖道則無用。」《中論》云：「若謂以眼見，而有生滅者，則為是癡妄，而見有生滅。」

勝義上也沒有心識的存在，因為：
一、其無人可見。
二、未經分析時，雖有「知覺」的體驗，但若細究、會發現那經驗僅是剎那性的；而剎那性的東西因不能停留，甚至連持續性也無法成立。

三、無遮蔽者，故也無清明者。

四、境與心相互依存而有，既沒有境，就沒有心。

如本論云：「反對如幻之境存在者，應如何解釋迷亂之心經歷了什麼？」等內文都進行了廣泛地駁斥，另《入楞伽經》云：「陽焰虛空中，無有諸識知，觀諸法如是，不著一切法，諸識唯有名，以諸相空無。」《密嚴經》云：「無心亦無境，量及所量事。」《迦葉請問經》云：「迦葉！是心非內，非外、亦非中間。迦葉！是心無色、無形、無對、無識、無知、無住、無處。迦葉！如是心者，十方三世一切諸佛不已見、不今見、不當見。」本論云：「若此語音不常存，聽聞此語音的經歷之識，又怎麼會常存……可見，若無所經歷的境，必無經歷其的識。」

設論：「勝義上有阿賴耶識的存在。」

答：其實，佛經上的這些內容，是為了攝受那些害怕「空性」的人才方便宣說，是將「本性清淨之法界」稱為「阿賴耶」，並非了義之說。《密嚴經》云：「藏識之所變，藏以空為相……起種種分別，不知唯自心。」《大虛空藏菩薩所問經》：「云何無所依止？謂一切法無所緣故。云何無所緣？謂一切法遠離阿賴耶故。」《維摩詰經》云：「法無巢窟，有法者則為有窟；斯求法者，無窟倚之求也。」《弘道廣顯三昧經》則公認是反對阿賴耶識的法輪。

總之，佛教系統中，為了對治諸如「我見」等應斷除的偏執，故階段性用如瀉藥一般的「對治見」來處理，後一宗的見解，都是用來淨化前一宗的執著。最終連「中觀」也無所執著，屆時一切見解都被遣除，無任何法可取可捨、無有任何可修正之處。

這時，「對治見」的功用已經完成、如同病與瀉藥都已清除，身體恢復正常，藥物也可退場。

◇ 所以，什麼是空性？

《辨中邊論》云：「諸相及異門，義差別成立，應知二空性，略說唯由此。」這裡提到了五個要點：

首先，空性的「相」，是無「二元之實」也無「二元之無實」，不存在為「有」或「無」《辨中邊論》云：「無二有無故，非有亦非無，非異亦非一，是說為空相。」

其次，空性的「異門」無量無邊，概要來說有不變之「真如」、不顛倒的「實際」、戲相止息的「無相」和作為聖智境界的「勝義」、作為一切聖法之因的「法界」。《辨中邊論》云：「略說空異門，謂真如實際，無相勝義性，法界等應知……由無變無倒，相滅聖智境，及諸聖法因，異門義如次。」

第三，空性的分類，我們一般將「法界」稱為「空性」，空性本身其實是無可言說、無可計量的，但世俗的言語上會稱之為「唯一空性」。《大乘入諸佛境界智光明莊嚴經》云：「空亦復如是：此所說空謂無言故，名之為空。」

或者可以分成：一、心智分析所得的「分析之少分空性」和完備一切功德相的「具功德相之空性」，金剛乘的密續文獻提到：「分析少分空，無實如芭蕉；具萬德空性，不如前說空。」《月燈三昧經》云：「外道空少分，智不與愚競。」

雖然有些人認為，勝義上也有「地獄相」等情境的存在，這就是在主張有「具輪迴相之空性」，但我認為這並不合理；事實上，如果有「勝義之地獄」，代表佛陀與地獄是有共通點的，但《無上續》云：「這些畫師就像是施、戒、忍、勤、禪和智的六度，肖像則是具最勝相之空性。」

所以，具功德相之空性，是具有如「般若波羅蜜多等一切對治之殊勝相」的空性，它們既是空性，又能使人證得無上菩提。這正是《般若經》等所說的空性，也是龍樹在《中論》等著作中所闡釋的空性。之所以稱為「具殊勝相知空性」，是因為它消滅了如眼翳般的「戲論相執著」，同時又能成就地、道、果的一切功德。

因此，偏執認為「少分空性」是「具殊勝相之空性」，進而誹謗中觀見的作為並不妥當。

有人主張，佛陀在第二轉法輪所說的中觀是「自空」、第三轉法輪所說的是「他空」。但第二轉法輪已經講述了般若波羅蜜多，這種觀點等於間接主張第三轉法輪不是般若，也不屬於其他五度，那因此就不是大乘了。

若說三轉法輪的主題是禪定，那麼禪定的直接果報就成了自空（般若波羅蜜多），這與主張「他空思想是究竟之見解」相矛盾。

或者說，空性可以分為有垢和無垢兩種，《辨中邊論》云：「此雜染清淨，由有垢無垢，如水界全空，淨故許為淨。」或也可以分成「空」、「無相」和「無願」的「三解脫門」，或加上「無作」共構四解脫門。

或可分為七種空，《入楞伽經》云：「大慧！空有七種，何等為七？一者相空，二者一切法有物無物空，三者行空，四者不行空，五者一切法無言空，六者第一義聖智大空，七者彼彼空。大慧！何者是相空？謂：一切法自相同相空。」這裡所說的「彼彼空」頗似現代流行的「他空」，《入楞伽經》云：「大慧！何者彼彼空？謂：何等、何等法處，彼法無、此法有，彼法有、此法無，是故言空。大慧！我昔曾為鹿母說殿堂空者，無象、馬、牛、羊等名為空，有諸比丘等名為不空……大慧！汝當應離彼彼空，不須修習。」因此，從「柱子空」、「瓶子空」、「布空」來分類的這種說法，雖然受到現在很多人的推崇，認為那是最高的見解，但我認為這並非佛陀的真實意趣。

或者，可以分為十八種空性：
一、內空：能食者，即內六處（眼等）的空性。
二、外空：所食境，即外六處（色等）的空性。

三、內外空：內外二者的身體空性。

四、大空：器世間的空性。

五、空空：對上述空性的空性見解也是空的。

六、第一義空：勝義諦的空性。

七、有為空：道諦善法的有為空性。

八、無為空：涅槃善法的無為空性。

九、畢竟空：所應利益的無邊眾生的無邊空性。

十、無始空：輪迴無始無終的空性。

十一、散空：雖入涅槃但善業不盡的空性。

十二、性空：種姓本性清淨且無暫時垢染。

十三、自相空：所證得的相好等功德的空性。

十四、諸法空：所淨治的佛德（如十力等）的空性。

十五、不可得空：人無我與法無我。

十六、無法有法空：無我之性本性空的空性。

《辨中邊論》云：「能食及所食，此依身所住，能見此如理，所求二淨空，為常益有情，為不捨生死，為善無窮盡，故觀此為空。為種性清淨，為得諸相好，為淨諸佛法，故菩薩觀空。補特伽羅法，實性俱非有，此無性有性，故別立二空。」再加上「自空」（自性空）和「他空」（他性空），空性可以分為十八種或二十種。

這些空性並非是從「某法存在」或「不存在」而言其為空，而是指本來清淨、超越言語思維的「法性」，並在不同情況下被稱為不同的空性。《月燈三昧經》云：「若有觀察於無相，一切無我悉空無，彼人不名無戒者。」《大哀經》云：「所依受者是為歸趣、非真諦誼，何所有法而逮色者？空者曰空猶如虛空：所言『虛空』、『虛空』無言故曰『空』、空無言亦空，諸法處所為若此也。」《大方等大集經》云：「如空無高亦無有下，以無高下，亦無體性……住於實際，於物非物，無有二相，以聲明空，空性非聲，無有音聲，是名為空，佛雖說空，終已無說，空性叵說，是故名空。」

因此，對於了悟真實義的人來說，無論是將實相教導為「有」、「無」、「有相」還是「無相」等，所有這些教導實際上都是在闡述空性，因為這些都不離空性，也沒有任何一個在真實的「空性」之外的「空性」可得。

第六是空性的成就，設問：「如果一切都是空性，為什麼還需要修行？」

答：修行的目的，是要淨除「客塵」以證悟「一切皆空」。如果僅憑本性清淨就足夠的話，那麼所有眾生應該都不費力就能夠解脫，但這顯然不符合實際。另一方面，如果本性不清淨，那麼所有的努力都將是徒勞的。《大哀經》云：「諸聲聞眾，依音解脫。諸緣覺學，因緣為慧，過諸罣礙，無垢如空。是為諸佛，無依所猗，其心繫在，於過去事，清淨解脫，是為執心。如應解脫，察眾生根，開度眾生，不令損耗。」《辨中邊論》云：「此若無雜染，一切應自脫，此若無清淨，功用應無果，非染非不染，非淨非不淨。」

◇ 智慧有哪些？

了悟空性的智慧分成三種：

一、俱生智慧。

二、聞思修而生的分別智慧。

三、證悟真如的無分別智慧（自證智）。

一般來說，凡夫通過「分別智慧」來理解空性，也可以通過類似於自證智的智慧來接近理解空性；而聖者則完全依靠「正確分別智」和「真實自證智」來了悟空性，了悟方式如《大哀經》云：「諸聲聞眾，依音解脫。諸緣覺學，因緣為慧，過諸罣礙，無垢如空。是為諸佛，無依所猗，其心繫在，於過去事，清淨解脫，是為執心。如應解脫，察眾生根，開度眾生，不令損耗。」

聲聞和獨覺只是通過「言教」和「緣起理論」來理解空性，而大乘則是了悟一切法本來如實安住的本性；這種了悟超越了所有關於「束縛」或「解脫」等的增益和損減，它是未經任何刻意造作或修飾的自然狀態，即認識到一切法「本來清淨」，因此平息了任何「取」或「捨」的執著。

◇◇ 培育智慧，要找找「我」

《解脫莊嚴論》云：「一、評破執著為實有。二、評破執著為實無。三、論述執著為無的問題。四、論述兩種執著的問題。五、論述步向解脫之道。六、論述解脫的本質── 涅槃。」這六個主題總歸就是在「修習二種無我」，這也是修行者培育智慧時所應關注的主題。

我執本質上雖然如幻無自性，但其負面影響在於，從無始以來就深植我們心中，並將「任運成就的法身」隱藏在概念的稠林中，使我們在輪迴中流轉。《教誡拔嗟國優填王大乘經》云：「『我執分別』之大敵，雖則如幻無實有，然從無始住於我。我之法身如意寶，初始即為敵所竊，藏於諸『相』稠林間，我今受縛仍輪轉。世間怨敵奪命財，於彼能忍資福德；此敵能斷寂滅樂，乃至解脫之命根。親近習染損福德，更溺生死淤泥中。』王問曰：『共彼大敵，云何鬪戰？』世尊告曰：『於彼『虛妄分別』敵，如是對陣鬪戰之，以信築造施戒城，具善法軍披忍鎧，執精進鞭引禪弓，無我空箭殺我執。』」

無我可分為兩種：「人無我」和「法無我」。

首先，「人無我」所說的「人」是假立於「五蘊的相續」之上，《雜阿含經》云：「此等法，名為人。」其別名如下：

- 充滿煩惱為因而構成五蘊之有漏故名「補特伽羅」。
- 有心故稱為「有情」。
- 命根故稱「生命」。
- 需養護故稱「壽者」。
- 有能力故稱「士夫」。
- 最初生故稱「勝子」等。

可見，作為行為主體的「人」有無數同義詞。

針對識蘊產生「我」的想法是執著人我，並會由此生「我所」之想；執著「我」和「我所」如想在空中打結，是完全顛倒的極大無明，從此產生貪與瞋，發起三毒，使人造業，進而因造不善業生惡趣、因善業生善趣、因不動業繫上界。

凡夫有如陷於自己攪出之泥潭的愚人一般：雖然輪迴本不存在，但凡夫如做著顛倒之夢一般流轉於輪迴。外道更基於此「俱生我執」，創造各種主張和思想。

但是，所謂的「我」，不過是心識關注於「五蘊」所產生的認知方式，實際上無處可尋。《教誡拔嗟國優填王大乘經》云：「大王！當聽人無我：云何人即五蘊續？煩惱業因之所生，有漏蘊果即人我。眾生皆執身為我，又復於我生貪著，唯恐死病與飢寒，譽則生喜毀則憂。緣彼則入外道見。」《釋量論》云：「有我則知他，我他分執瞋，由此等相繫，起一切過失。」所以，即便在執著「我」的時候，「我」其實絲毫也不存在。

然而，僅僅由於顛倒的妄想執著，才會產生「我痛」、「我生」等想法和感受。這就像吃了無毒的食物，卻因為懷疑有毒而昏倒一樣。《佛母寶德藏般若波羅蜜經》云：「於不實法生實想，譬如得食疑有毒。」

因此，即使在世俗名言的階段，「我」也是不存在的。在身心組合之外，當然找不到「我」，然而在名字和身體的各個部分、身體整體乃至心識上尋找，無論其是單獨還是組合，也都不是「我」。《教誡拔嗟國優填王大乘經》云：「所謂我者非為有，依蘊假立故不真，名字非我假安立。骨肉大種所集聚，猶外牆故身非我。心無實有亦非我。」本論則深入地剖析：「細觀之：牙齒、頭髮……都不是我。」如此分析時，會發現先前執著的「我」實在是令人羞愧的，當這種對「我」和「我所」的執著消失時，就稱為「了悟人無我」。

然而，有些人主張：「我執尚未消除前，口頭上說『我無我』就是在修無我。」有些人則說：「『我執』不僅是『我』的想法，我們需要透過原因和邏輯來否定的某種更細膩的『我執』。」有些藏人說：「雖然勝義中無我，但若不承認世俗中有我，就會導致『業果無依』、『無人積累功德』等過失，因此世俗中必定有我。」

這些言論都是打著弘揚佛法的旗號來破壞佛法：
若認為心想「無我」並口頭說「無我」就是真正的修無我，那麼想著「要吃」並說「吃」就等於真的在吃、想「我要走」就等於真的在走等等，世間一切事都會變成如此。甚至晚上在黑暗中喊「光明！光明！」就會真的出現光明，但這顯然是不可能的，完全違背現實經驗。

若說由「我」的念頭所生，實際並不存在的輪迴都能帶來如此巨大的痛苦，卻還要尋找比這更細膩、更難破除的我執作為所破對象，這就如同說在服藥之前必須先服用劇毒一樣荒謬。

事實上，談論「人」、「我」、「自我」等概念並非佛陀的教導。《華手經》云：「若人住我相，及住眾生相，是人於佛法，我說為外道。」《佛藏經》云：「又舍利弗！不淨說者，我見、人見、眾生見、五陰、十二入、十八界見，未得謂得，心計得道，計得涅槃，咸亦譏訶如是正法。何以故？是人貪著空故，亦是魔眾，魔所迷惑，以我正法而作魔事……舍利弗！若在家、出家，聞是無我、無人、無眾生，畢竟空法驚疑畏者，當知是人受魔教化，是像比丘，為是盜法惡威儀者。舍利弗！是人則是我見、眾生見、有見、無見、常見、斷見，皆是魔民非佛弟子。」等再再提到。

另外，「業因果報」的儲存處也不是「我」：
小乘宗派認為，「業因果報」為眾生五蘊中所有的「戒無表色」或「非戒無表色」所儲蓄，大乘佛教中，廣大行派的論作認為，「業因果報」在世俗層次上依存於阿賴耶識，甚深見派的論作則認為依存於「緣起之心」。

然而，究竟來說，「業因果報」甚至沒有儲存之處，因為經中反覆強調一切法離諸依處。因此，宣稱「我」是業果儲存處的人，顯然不懂大小乘的觀點，這種說法只能是被邪師誤導的外道見解。

◇◇一迷上判斷，就已失誤

其次，是解釋法無我：「法」，指的是「物質」等內在與外在、輪迴與涅槃所涵蓋的一切事物，因為它們無造物主，也各自保持自己的特質，故名為「法」。執著這些法為有、為無，或存在於有無之間，就是法我執。

雖然天人等眾生都有這種妄執，但我們所執著的並不如實存在，《教誡拔嗟國優填王大乘經》云：「彼乃有相邪分別，與見相違故非有。」

所謂的「不存在」，指的是除了這些單純的顯像外，沒有另外的空性可言；一切的「法」即便在顯現的當下，就如水中月般並非實有，它們本質上剎那不住故「無常」、受因緣破壞時相續斷絕而「滅」，正是因為有這些性質，故被稱為「空」。《教誡拔嗟國優填王大乘經》云：「內外法中遮實有，除此莫能更覓空，顯相當體即空故；非以析為無常故，虛妄假立而名空。」

為什麼顯相當下即不存在？因為它不存在於「有」、「無」或「有無之間」。所謂的「有」，要嘛是輪迴、要嘛是涅槃，而輪迴也不離「境」和「心」。《教誡拔嗟國優填王大乘經》云：「顯無自性云何現？輪涅雖俱名為有，然實不住『有』、『無』、『中』：輪迴自性境與心……」

再者，「境」本來並非實有，例如：廣大的世界也是由許多由旬組成的，每個由旬又有八俱盧舍，每個俱盧舍是五百弓的聚合，每弓又是四肘，每肘又是二十四指，如是類推。《俱舍論》云：「極微微金水，兔羊牛隙塵，蟣虱麥指節，後後增七倍。」前面的每一個單位都可以「七分之一」細分後，直到最細微的「極微塵」；「極微塵」又可以分為六面，每一面又可以如此分解。因此，最終沒有任何實在的對象剩餘。《教誡拔嗟國優填王大乘經》云：「……境者無實如是觀——自顯析塵至鄰虛，諸顯現為實有者，皆悉如夢而唯心。」

若仔細觀察自心本身，也會發現它並不存在於任何地方——它什麼都不是。因此，輪迴在本質上是空的，如同幻象。《教誡拔嗟國優填王大乘經》云：「心亦離諸形色等，是故輪迴空無我。」

若主張涅槃存在，則應反思：既然涅槃是相對於輪迴而建立的，若輪迴不存在，相對的涅槃又怎麼能成立呢？《教誡拔嗟國優填王大乘經》云：「無輪迴故無涅槃。」

設問：「勝義中是否什麼都沒有呢？」

答：如果連世間公認為極其真實的「有」都不存在，那麼連世人都認為應該摒棄的「無」又怎麼可能存在呢？《教誡拔嗟國優填王大乘經》云：「『有』不成故『無』亦爾。」

那麼，在「有」與「無」兩個極端之間，是否存在一個真實的中道呢？事實上，如果沒有兩邊，又怎麼會有中間呢？《教誡拔嗟國優填王大乘經》云：「無二邊故亦無『中』。大王如是修無我，我執輪迴當根絕。」

如此，一旦理解到輪迴和涅槃的任何「法」都不是心識所能觸及的，並且認識到所有被心識抓取的都是顛倒，進而完全消除了對「有」、「無」、「中」等的增益和減損的執著時，這就是遠離了我執，也稱為「見到無我」或「了悟無我」。

既然超越了增益和減損的執著，也不會落入執著於「無」的想法，因此也稱為平息了「我」與「無我」的戲論。《涅槃經》云：「若言一切法無我，如來祕藏亦無有我，凡夫謂二，智者了達其性無二，無二之性即是實性。」《維摩詰經》云：「於我不我而不二，是非身義。」

因此，為了調伏那些執著於「我」的人，佛陀教導「無我」；為了調伏那些執著於「無我」或對「無我」感到恐懼的人，佛陀也教導「有我」。但實際上，佛陀又教導「我」和「無我」兩者都只是「增益」概念的投射，本質上並非實有，純粹是佛陀為了調整弟子的執著而說，《中論》云：「諸佛或說我，或說於無我，諸法實相中，無我無非我，諸法實相者，心行言語斷。」所以，據說，得到「忍」的菩薩們，不會被「我」、「無我」、「空」或「不空」等任何的教導所驚嚇。

◇ 修習般若波羅蜜多

修習般若波羅蜜多者，首先要放下自心，《文殊師利所說摩訶般若波羅蜜經》云：「善男子、善女人應處空閑，捨諸亂意，不取相貌。」

真正的入定，則是要了知一切法本來自性寂靜、超越心智的領域。因此，心智無需任何造作，只要如河流一般，自然而然地安於一境。

如果根器較低者無法做到，那麼就不去思考「有」或「無」、

「取」或「捨」等任何事，也不刻意在意任何事物。《文殊師利所說摩訶般若波羅蜜經》云：「不見是佛法可取、不見是凡夫法可捨，是修般若波羅蜜。復次修般若波羅蜜時，不見凡夫法可滅，亦不見佛法而心證知，是修般若波羅蜜。」《小品般若波羅蜜經》云：「不修一切法是修般若波羅蜜……修虛空是修般若波羅蜜。」

如何修虛空呢？此經又云：「虛空無分別故般若波羅蜜亦如是。」《佛說佛母寶德藏般若波羅蜜經》亦云：「生滅無二無分別，是行最上般若行。」《月燈三昧經》云：「法無少塵許，亦無少可得，無少可得故，故名為三昧……若有想可遣，是則還有想，彼行想戲論，是人不離想……思惟於無心，能離一切心。」所謂：「無修及不修，難得此三昧，若處虛空想，破微塵法性。」《海意菩薩所問淨印法門經》云：「彼一切法無作意，而亦遠離於我相，於一切法平等中，如實覺了於正性……無念復無作意行，此說是為四念處……若觀法界非界性，平等正盡而平等。」我們北方佛教大多喜歡搭配此經而解說。

另，《弘道廣顯三昧經》云：「道非習可得，無乃興習想，其道行加此，棄離習念行，不望求習道，蕩除眾異想，其道都無習，清淨像明月……道為無我念，亦不與空習，是道無有二，安快而無上。」阿底峽尊者的《中觀竅訣》云：「心識什麼也不分別，什麼也不執著，放下所有憶念、作意。在相狀，或者妄念的敵人，或盜匪，沒有興風作浪之前。心識一直安住在這種狀態之中。」

關於這一點，雖然我們經常看到有人批評說：「禪師們所說的『不追隨過去、現在、未來的念頭而安住』是摩訶衍那的『不作意』法門。」

但事實並非如此，《善夜經》云：「此善夜經具大功德，若有聞者能斷煩惱，速證菩提。汝應諦聽，善極作意，吾當為說。過去諸法不應追念，未來諸法亦不希求，現在諸法勿生染著，如是行者名真解脫……過去不應念，未來不希求，於現在時中，皆如法觀察。妄想心難遣，智人應善觀。」《海意菩薩所問淨印法門經》云：「過去想已盡、未來想未至、現在想無住。是故當知：於三世中想無所得，如是乃能正知於想。」

雖然如此，請自己觀察：當我們專注於過去、現在、未來的念頭時，是否能夠同時聽聞、思考或修習任何事物？你就會明白了。因此，當說「停止三世的作意」時，有人可能會誤解為持續不斷地思考「我要停止念頭」，或者認為這意味著像睡著或昏迷一樣。

然而，這指的是不被其他妄念干擾，而專注於所緣境。如果否定這點，就等於否定所有禪修。因此，「不作意」的一般含義，是不關注「禪修所緣境」以外的對象。特別是在專注勝義諦時，也要保持不執著「勝義」這個概念而安住，且並不是像睡著一般。

一般來說，如果沒有禪修經驗就對禪修進行批評或辯護，就會產生很多這樣的誤解。所以，對於未學習的知識，不要妄加評論，而應該努力追求各自真實的意義和利益。

總之，智慧洞見到任何法都不存在為「有」或「無」等，如此「無見而見」並保持不散亂、無分別地安住，這就是大乘顯密一切禪修的精華所在。

既然解釋了甚深見派的教法，現在則要稍微談談廣大行派的教法中所說的「智慧」：

「遍計所執」在「增益」的當下不存在、所以是「無之空性」，「依他起」雖然顯現，但沒有自性，所以是「非有之空性」。諸法的法性——「圓成實」——本來清淨，所以是「自性空性」，修行的智慧不應著於上述任何一相。《大乘莊嚴經論》云：「無體及似體，自性合三空，於此三空解，此說名解空……分別若恒有，真實則永無；分別若永無，真實則恒有……心外無有物，物無心亦無，以解二無故，善住真法界。」

有些人認為，修行者要在「了知客塵本無，勝義存有。」的狀態下，安住於無分別的狀態，所謂：「智者知有無」。經云：「有如實知有，無如實知無。」

然而，我們在前面已經解釋了「有」和「無」的意義，若人先執著「無垢」和執著「勝義存在」，再來安住於無分別，如此主張非常奇怪。

因此，將心「無所安定」地平等安定於「一無所見之見」，這就是真正的禪定與智慧的結合，也是兩大傳承一致認同的觀點。如此維持時，若自心出現昏沉或遲鈍，應該通過修習無常或思維緣起來消除；如果出現掉舉，則應該通過放鬆心念的口訣來消除。此外，六支氣功也能消除昏沉和掉舉這兩種情況。

◇◇ 修習般若的人長什麼樣？

修行人從禪定中出定後，在後得位時，應該意識到自己、他人、器世間和有情世間都如幻如夢般顯現，無有執著地積累「佈施」等一切力所能及的福德資糧。《佛說佛母寶德藏般若波羅蜜經》云：「菩薩若知諸幻化，色受想行識亦然，寂靜行離種種相，此名最上般若行。」《中觀竅訣》云：「什麼時候你想起坐，就慢慢地解開跏趺坐，出定之後，心心念念處在如幻的境界中，身語意盡可能地奉行善法。」

如果只滿足於智慧空性而自以為是，捨棄方便法福德資糧，那麼就會偏離正道。《入二諦論》云：「修習於空性，則因果善惡，他世將誑彼。依少分聽聞，不解真諦義，亦不修福德，淪為卑劣人。」《海龍王請問經》亦云：「有二魔事：無其勝慧而欲行權，或無方便而有勝慧，當知此二是為魔事。」《維摩詰經》亦云：「何謂菩薩縛？何謂解？無方便慧縛，有方便慧解；無慧方便縛，有慧方便解。」

沒有空性見解之智慧支撐的佈施等五度，只是單純的方便；而忽視方便只觀空性，則只是單純的智慧。修行人應捨棄這兩個極端，善用智慧了知萬法的自性，對善行既不貪著也不執著，因此無厭足地實踐福德資糧，這就是方便與智慧不相離的真實道路。《伽耶山頂經》云：「大乘略道有二：一者方便、二者慧。」《大樹緊那羅王所問經》云：「智慧觀於空，方便觀眾生；大悲以教化，趣向於涅槃。」《入二諦論》云：「如是見不愚，且行極清淨，則不入歧途，上行至兜率。」

如果能夠專注且穩固地維持在於真實的等持（正定），那麼就應該以此為主要修行，因為這本身就是一切波羅蜜多的本質。《大集經》云：「若不取者，名為究竟捨。」等引據極多，因為智慧就是前五種波羅蜜的親果。

若人無法維持穩定的等持（正定），就應以身和語層面的造善為主，如《入二諦論》云：「心定一等至，身語善非主。」只要持續努力，「座上等持」與「座下後得」終將融合無異；若意識到自己連等持（正定）本身也未觸及，更應減少自己在「入定」和「出定」的自負心。《佛母寶德藏般若波羅蜜經》云：「身苦樂等皆不及，由知因果法本性。」

總之，若人光是在空性的般若波羅蜜境界中停留一頃，也會有無量的利益。《開顯真如經》云：「舍利子！假使有人聞法一劫，所積福德不如一彈指頃修持真如三昧。如是，舍利子！當廣宣說，令他精勤真如三昧。舍利子！已得如來授記一切菩薩，皆住如是三昧法門。」

如此修習智慧，暫時會使人對行為更加謹慎、煩惱減少、對眾生生起慈悲、更加精進修行、捨棄一切散亂，不貪著此生並放下偏執。自己與他人一切暫時和究竟的安樂，都會由此產生。《寶行王正論》云：「數修真如空，得善無放逸。」《佛母寶德藏般若波羅蜜經》云：「佛及聲聞緣覺等，天及世間安隱法，皆從般若之所生，般若無增亦無減。」

上述簡介了波羅蜜及其部分細節。

應說波羅蜜，諸佛及佛子，所行真一道，願眾應理知。

◇ 寂天的不放逸：保護菩提心

我身為覺者之子，既已立志覺悟。理應精勤不倦，謹慎避免違逆戒律的學處。

這裡明確地表示了，所有菩薩的學處總歸於「不放逸」，部分註解在這裡引用了《象頭精舍經》談到的修行與菩提的關係，及《月燈三昧經》關於應實修菩提之核心的經文，並根據《無盡意菩薩經》描述六波羅蜜、四無量心和四攝事的修行內容，以及《寶雲經》中關於「正見」的教導。

世間上，若未經審思就隨意承諾某事，雖已答應實行，但嗣後也應善加思考是否該做。但是，如此一切覺者及聖者們，再再用智慧省思而篤定持守，而我也屢次思索抉擇才得領受的菩提心，又怎能輕易放捨此立志覺悟的誓言呢？

諸佛及佛子們所省思的，是諸經中廣泛闡述的菩提心利益；而我們的吸收與思慮，是為了讓自己在熟悉這些利益後，迫切地投入修行。

◇◇放棄菩提心的缺點

若已承諾追求一切生靈的福祉，卻不精勤努力實踐，此即欺騙生靈，將使來世轉往何處？

聖典記載，若內心想要分享些許的事物，卻因慳吝而未實行，來世將轉世入餓鬼之途。何況允諾奉一切生命為貴賓，來臨無上安樂的正法之宴會後，自己卻臨陣脫逃？若然，來世何有轉世安樂途之機會？

歷史上，雖曾有人在立志覺悟之途上臨陣脫逃，最後卻也得到解脫；但此過程非凡俗所可思議，唯一切智的覺者能盡知。

第一個偈頌說明欺騙一切眾生的過患極大，第二個說明其原因，第三個則說明如果捨棄菩提心，就沒有解脫的機會。再者，如果想佈施卻沒佈施，會墮入餓鬼道；如果立誓要佈施卻沒佈施則會墮入地獄。

佛經裡曾舉例說明：譬如國王邀請眾人做客卻不設宴，就會被譏笑一樣；我們在發菩提心，邀請所有眾生作客時，就已經大聲宣告並說要渡脫未渡脫者了。《法集經》云：「善男子！若菩薩發阿耨多羅三藐三菩提心，又時捨心、捨眾生者，如是菩薩則為可呵，是人名為最上妄語。」

設問：若是放棄菩提心，是否還有解脫的機會？

答：事實上，這是唯有佛陀才能知道的境界，非他人所能理解。部分註解提到，據說舍利弗發菩提心後，供養萬佛並行菩薩行，但被魔干擾而放棄菩提心；然而，他此後又是如何能獲得聲聞菩提並修行利他等等，這些情況只有佛才能了知，不是其他人的境界。

有些人認為：舍利弗並非完全放棄解脫心，雖然放棄了圓滿菩提心，但仍獲得聲聞菩提。這解釋為雖放棄利他之心，但未放棄對菩提的嚮往，因此獲得聲聞菩提。善天論師則解釋，雖然舍利弗曾放棄菩提，但後來又重新提起了發心的功德。

《法華經》記載：舍利弗過去發心供養一萬尊佛，被魔鬼化為婆羅門要求施捨；他砍下左手相贈，婆羅門又嫌左手污穢而拒絕，甚至將那隻手扔在地上，舍利弗因此放棄菩提心而入聲聞乘。然而，這段經文是應該理解為了義還是不了義，很難判斷；因為在同經中，又預言舍利弗將成為「華光如來」，但根據《般若經》的描述，未得無生法忍者並不會被授記成佛。

總之，《佛母寶德藏般若波羅蜜經》云：「佛說種種之語言，皆具最上般若義，過去佛為我受記，於未來世證菩提。」因此，本論作者將此題目置於佛陀不共的境界中，不是我們的妄想所可以理解與思議其理由，故暫時停在這裡，不去深究較為明智。

放棄覺悟，是菩薩戒律的重罪，因為這分念頭會摧毀一切生靈的福祉。

同理，若障礙某個立志覺悟之勇者的善行，哪怕只有一剎那，也會因如此間接阻礙了一切生靈的福祉，其惡果自然是無邊無際。試想，損壞一個生靈的安樂，都能對自己造成強大的負面影響；何況是毀損充滿虛空之一切生靈之福祉？

本論接下來將依序說明，放棄覺悟導致「不能利他」，及「障礙菩薩修行」所招致難以忍受的果報及原因；另，耽求自利的心態，對菩薩而言是最嚴重的過失。《佛母寶德藏般若波羅蜜經》云：「菩薩經歷俱胝劫，奉行十善無間斷，心樂緣覺及羅漢，是犯波羅夷重罪。」

首先，若自己被墮罪所摧毀，自然必須承受難以忍受的果報，又怎能救護他人呢？

其次，部分註解提到，就算只有在一片刻、一閉眼的時間、一瞬間、半小時、半個時辰等短暫時間，甚至僅僅一剎那，在這麼短的時間內阻礙他人累積福德，其報應的惡趣也是無量。佛經上提到，假如有人奪取整個南閻浮提所有眾生的一切財物，並且殺害他們，另有人阻礙一位菩薩的善心，哪怕只是阻止他施予某個畜生一口食物，後者所產生的惡果遠遠超過前者。前者的不善業甚至不及後者的百分之一、喻分之一。

因此，若立志覺悟的誓言中，參雜著再再放棄此志向的重罪，會讓人反覆的在輪迴中上升和下墜，耽擱很久才能轉凡成聖。所以，我今後應恭敬遵循自己的誓言。

如果認為自己仍可以重新發心，卻沒有意識到自己薄弱的精進力，即使重新發心也會再次被過失所摧毀，這樣反覆交替，就像大象在泥塘洗澡一樣，永遠無法達到真正清淨的境界。

因此，我們從一開始就應該對菩提心保持警惕，努力不讓它退失；沒有任何事物，不會經由練習而不變得容易。所謂：「眾生諸德失，源習性為本，習性源我身，故善習最勝！」

◇◇ 謹慎斷惡

若隨波逐流，則很容易越來越低劣。過去已有難以計數的覺者，為無量生靈創造福祉，我卻因各種積習過失，而未得其所教化。若此後仍依循固有的慣性，再再為煩惱所束縛，終將在苦難之途中，感受得病、被束縛割宰之苦。如今既能身而為人，又能虔信並實踐正法，實在稀有，時不我與。

我現下雖看似健康圓滿、豐衣足食，但壽命與肉體的本質，其實只在剎那之間，片刻都可能迎來巨變。我反觀自己日常生活的所作所為，自認來世應很難再得人身；而若不再得人身，則將少有造善的機會，只能為苦難所逼。屆時，我既缺乏善行與

福德，又累積了如山的惡業，或許縱經幾億劫，也連安樂之途的名字都不得聽聞，何況經歷？

所以，覺者才說人身難得；此機遇譬如一隻盲龜衝上海面時，恰好能將頸子湊進一片漂流在茫茫大海上、中間有孔的漂流木中一般，非常難得。

這段的前兩個半偈頌說若浪費機會恐將墮入惡趣；接著一個偈頌說明屆時無法獲得暇滿人身；一個偈頌說明即使終於獲得暇滿人身也不穩固；最後四個偈頌說明在惡趣中無法行善。這裡的時間線，是從發起善念的此刻開始，若自己隨波逐流，將無人能賜予自己解脫，《勸誡王頌》云：「解脫終依己，不由他伴成。」

若自忖將來還會有很多佛降臨世間來度化我，但過去無量佛已經逝去，我仍留在這裡，如果現在還是不努力成為法器，終將墮入惡趣就無法遇見佛陀與佛法。畢竟，具備五種自圓滿和五種他圓滿，如此可以修行的人身將來會很難獲得，因此不應將其浪費在小事上。

如果認為，自己現在已然獲得人身，對此感到知足，但更應注意到，現在雖然無病等痛苦、看似安樂地過日子，但死亡總在不知不覺中到來；因為生命的本質只是剎那一瞬，而我們卻錯誤地偏執其常存，沒有意識到這個身體只是四大元素的借居而已。如果想要以後能夠獲得人身再次修行，但以現下自己的行為來看，自己未來只會墮入惡趣，無法獲得人身。

如果想在惡趣中行善，但那是無暇之處，連善念都難以生起。諸如牛等愚痴的動物被惡趣苦難所迷惑，又怎麼能行善呢？惡趣之中連「善行」的名字都沒有，每天卻會累積無數的惡行。就像我們看到鷹、狼等動物從不行善，每天都在做各種惡事。

因此，要從惡趣中解脫出來，就像巨石從懸崖上掉下後，想往上返回一樣困難，更別說往生善道，甚至聽到「善道」這個詞都很難。因此，應該認識到暇滿人身難得的道理。《難陀出家經》云：「難陀！譬如今此大地，悉成大海，其中有一盲龜，復有一牛軛，軛具一孔，漂流海中。盲龜作念，欲令其頸，入於軛孔，然軛復隨風，四處漂動。難陀！一時因緣，盲龜之頸，得入軛孔。難陀！然則，得人身者，非能如是。圓滿有暇，更復如是。難陀！汝之人身，甚難獲得，今圓滿有暇，已如是獲得。」

◇◇謹慎修善

瞬間造下的極大惡業，都可能讓人轉世在無間地獄中，受苦漫無天日。何況，從自己都不記得的無始以來所累積的罪障，一失神就能讓我再也無法轉世於安樂之途。更有甚者，苦難之生靈受苦時，除了感受苦難之報而無法擺脫外，還往往因為感受的苦難與煩惱，而造下更多的罪惡。

總之，既有機會值遇覺者的教法，又得到能辨善惡的人身，若不把握機會，過上覺的生活，則實為自欺，更沒有比此更愚蠢之事。既知此理，卻因呆滯和懶惰空度年月，必在臨終時痛悔不已。試想，若轉世於地獄之途，受難忍的烈火反覆燒身時，

內心更會受到悔不當初之火的煎熬，更加苦痛。

如今既然僥倖得到此潛力極大的人身，又得到分辨善惡的能力；若又讓自己來世轉世於地獄之途，實在像被下咒而無自主能力的癲狂之人一般。

這段的第一個偈頌說明我們過去積累的罪業很多；第二個偈頌說明罪業不會自然消失；接下來的五個半偈頌說明我們需要努力修習對治的善法。其中又分為：獲得人身時不行善就是欺騙自己，未來會在墮落時深深懊悔，可見明知因果的道理，卻仍將自己引入地獄，是愚蠢至極；前三點各用一個偈頌說明，最後一點用兩個半偈頌說明。

如果自認自己此生沒有造下大惡，但即使只是短暫造作殺父母等無間罪，也要在無間地獄中住上一劫；何況我們從無始以來積累了無量這樣的罪業習氣，只是自己不知道而已。且即使是造下「殺父殺母」這樣的惡行也不需要很長時間，因為業的正行只需一個臨死的剎那就足夠。

小乘文獻中，把眨眼分為一百六十分之一作為最小時間單位——即一剎那。部分註解強調，行動的「預備」階段會經過很多剎那，但正行的無間罪只在一剎那完成。或者因為速度極快，雖然實際上是多個剎那，但也稱為一剎那，就像世間常說「一眨眼就完成了」一樣。

相對的，其果報是在地獄中待上「劫」，這裡的「劫」指的是中劫，即無間地獄的壽長；而無間罪的果報，不是僅僅經歷無間地獄痛苦，經過其他數萬次轉世、經歷等流果報，屆時又會因惡業之習氣而造作類似的罪業，每一個這樣的業又要經過多劫才能窮盡其果報。

因此，如果現在獲得暇滿人身時不努力，以後一定會大為後悔。就像在沙漠中背著重物行走，看到了有樹蔭和清水的休息處卻因懶惰而不卸載修整，之後又遇到更大的沙漠而深感懊悔一樣。

這樣的我們會在臨終時後悔，並在地獄中因痛苦而回憶起前世的這一切，連閻羅使者都會責備我們：「你獲得了如此圓滿的閒暇人身卻白白浪費，以致墮落此處。」因此，雖然偶然獲得了暇滿，也有修行的念頭，若卻仍然放縱懈怠，自己將自己引入惡趣，這簡直就像失心瘋一樣。

◇◇ 謹慎地戰勝煩惱

我們不知道如蠱之煩惱實在充滿過患，反將其深藏心中，實在何苦？貪念與瞋恨等敵人，既沒有能夠作怪的手腳，又不勇武也不精明，到底怎能將我當作奴隸一般奴役？

我如此忍耐、放任常住我心中的煩惱任意霸凌我，實不合理，實應苛責。

若我們觀察愚昧的原因，會發現其是受到貪、瞋等煩惱所影響，但這些煩惱是否有特別的技能、無畏的勇氣、明智的判斷力、巨大的力量、手腳的力氣，或攻擊性武器等優於他人的特質？仔細觀察後，勢必會發現它們什麼都沒有。

煩惱有如水中泡沫，剎那生滅、無來無去、無處安住、本性空虛、毫無實質。那麼，為何讓這無實質的東西奴役我？我們應對這樣的自己感到羞恥和可笑。

若再次深入分析，會發現除了自己的心，煩惱沒有其他依託；煩惱也不是心的本質，只是顛倒的習氣。然而，它卻傷害自己所依靠的心，是我們天生的敵人，不應容忍，世間人也會譴責不當的容忍。

因此，佛陀曾在經典上指出，真正的大敵就是我執，不是現世的任何人。

部分註解在解釋煩惱的類別時，引用《俱舍論》所說：「隨眠諸有本，此差別有六，謂貪瞋亦慢，無明見及疑。」這裡的見煩惱分為五種：薩迦耶見（我見）、邊執見、邪見、見取見和戒禁取見，這五種各自又分為十種，總共五十種。再根據道、界、諦來分類，就變成了九十八種。對於菩薩來說，則有一百二十二種。

即使全世界的天人和大力鬼王，共傾全力與我為敵，也只能傷害我的此生，卻無法將我丟入地獄。反之，若放任煩惱作主，必被其丟入連須彌山王都能燒成灰燼的地獄之火中。

這內在的敵人比其他敵人所造成的傷害更大，它能在一瞬間將我們拋入無間地獄的火焰中，那裡的熱度甚至能在剎那間焚燒須彌山。

常住我心中的煩惱之敵壽命無期，遠勝其餘世間的敵人之歲數。

其他敵人不會生生世世追著我們，因為大家死後會根據各自的業力轉生到不同地方；但這煩惱卻不同，它與我心不可分離，始終跟隨著我們。

若我順從世間的敵人，他們可能會給我些許好處；但若順從煩惱，反而只會帶來無法想像的傷害。

順從世間敵人還有可能會得利，但順從煩惱大敵只會受害。

煩惱是無始至今的敵人，是滋生一切過患的唯一根本，如此大敵既常住我心中，我又怎能不懼於生死？將我關在生死牢獄的獄卒，將我投入地獄之途的劊子手，既都常住我心中，我又怎能得到安樂？

讓這樣的敵人永遠停留在我的心中安然自得是不合理的。因為這敵人正是地獄獄卒等的根源，有了它就會有那些痛苦等著我們。

因此，我此生應盡一切力量，精進於摧毀此大敵；並在未達此目標前，切勿放棄。身為勇士，若對他人偶然帶來的微小不

便，都會大發雷霆；那在未滅除煩惱之前，何堪高枕無憂？

我們即使生命垂危，也不應忽視這內在的敵人，而應穿上摧毀它的盔甲。

世間的勇士在激烈的世間戰場上奮力廝殺，一心想將會自然老死的仇敵滅之而後快，連自己身中箭矢也無所顧及，拼命向前，為達目的不擇手段。

何況已立志要努力滅盡一切苦難之因，天生的煩惱大敵？過程縱會遭遇百般苦痛，但終不應灰心喪志。

自然死亡指的是壽終正寢，而既然我們會想戰勝現世的敵人，為何要忽略真正的內在大敵？因此忍耐與其爭戰的所有苦痛，才是非常合理的。

世間的將軍僅為了短小的利益，就願意奔赴戰場而傷痕累累，這些疤痕更被認為是戰功彪炳的榮耀勳章。若然，為了得到終究之利而努力過上覺的生活，過程中所暫時面對的苦難，又怎會困得住我？

舉凡農林漁牧的從業者，都是為了自己和家人的生計而努力謀生，尚能忍受冬寒夏熱的艱辛困倦；如今，我追求的是一切生靈的福祉，又怎能不安忍面對到的困難？

我雖然曾在怙主們前，立志要救拔宇宙中的一切生靈出離煩惱，但我自己也尚未遠離煩惱，故如此不自量力的言語，或許狂妄了些。

但，正因如此，我更該不退怯於消滅煩惱大敵。我應樂於與煩惱戰鬥並消滅它，這分充滿鬥志的心態，才能助我滅盡煩惱。我寧可被燒、被殺、被斬首，也絕不屈服順從於煩惱大敵。

好消息是，我趕走世間的敵人後，他可能會暫居他處、迅速逆襲，但煩惱大敵則不然。一旦用慧眼消滅煩惱大敵，它就毫無任何可逃之處，毫無逆襲的機會。所以，我迄今尚未戰勝它唯一的原因，就是我的懶散而已。

這個內在的敵人相較於其他敵人，更容易根除，因為只要從自己的心中去除，它就沒有任何可以躲藏之處。

細分析之，煩惱不居於外在、不居於此身也不居於餘處，又要如何加害於我？因此，不需恐懼於煩惱的幻象，而應努力追求覺悟的智慧；何苦再因懶散而空虛地流連於地獄之途？

修行人用智慧之眼來斷除煩惱的方式就是「向內觀察」，即以「自證智慧」觀察那些表現為煩惱的意識活動，仔細觀察它們的本質、表現和位置。一旦細細觀察，會發現煩惱不存在於六種境界中、不存在於六根中，也不存在於根和塵之間或其他任何地方；未經分析時，它似乎真實存在，但這只是扭曲的意識活動。

經過觀察，發現它沒有生起、消失或停留，本質上未曾生起，本來清淨光明，沒有任何自性。

雖然如此，它似乎依緣而貌似有生，但即使在那當下也不是真的「生」，故它如幻如化。

我們千萬不要害怕自己無法斷除這樣的煩惱，要用「了知其本質」的智慧精進修行，部分註解強調到：煩惱不存在於外境，因為即使見到喜愛的對象，有自制力的人也不會生起煩惱；煩惱也不存在於感官中，因為在人在深入思考時，雖有感官經驗、但我們不會陷入執著其中。

煩惱也不存在於根和塵之間，若是如此必能被發現到（但事實不然），煩惱也不存在於其他地方，因為它無根、空性、暫時，只是由不正確的分別念而生。

煩惱如幻，就像幻術雖然本質上是「空」，但由於咒語和藥物的力量，雖然實際上不存在，卻顯現出「大象」等形體。

同理，煩惱也是由於「顛倒之因」和「非如理作意」而產生，僅僅因這些條件而呈現，實際上並不存在。因此，千萬不要對煩惱心生恐懼；只要經過粗略的分析，這虛妄的東西又能有什麼作用呢？故務必要精進努力。

般若，就是為了如此通過觀察與分析真理，以求證悟。

◇◇歸納

如此細思後，我應努力實踐一切覺的生活之學處；試想，若病人不遵循醫囑，又怎麼會康復？

如果不忘失前述內容，如理思維並努力修習菩提心和實踐學處，就能證得菩提。僅僅閱讀經典和依聞所生慧來理解是不夠的，就像僅僅閱讀醫書不能治病一樣。

這一段在部分註解中定為「不放逸」這一章的總結，而其他註解則提到這一偈總結的不是只有這章，而是前述所有的內容。

菩薩所應修行的學處，如《寶雲經》中說：「非但波羅提木叉戒能使我成阿耨多羅三藐三菩提，諸餘菩薩威儀、戒行，我亦當學如法修行。」《集學論》則概要地說：「若於身所有三世受用，行清淨捨、護諸眾生令淨增長。」也有佛經提到，菩薩即使只在億劫之中，短暫生起一個「希求安坐之樂」的念頭，也應視之為沉溺。

最後，這裡提到的「醫囑」，根據《集學論》的歸納有「八十種行而能入解」，其他經典則提到，僅僅開始修學菩薩行，就能得到巨大的善果。

上述是針對《建言錄》第四章的註解

本書翻譯參贊芳名錄

王煌傑
羅亦成
簡麗容
李朕嘉
蔣瑋宸
胡麗芳
林素珍
黃添丁
楊玉雲
黃彥智
梁靜雲
王延群
施承筠
方榮創
熊懋蓁
熊學權
王維庭
李宛霖
黃耀正
蔡佩修

林昀萱
朱彥柔
鄭智豪
張淑貞
朱堯熹
噶瑪塔欽
許朝凱
朱　寬
卓俞安
熊慧行
徐　葳
謝雅婷
卓佩華
陳映淳
侯歡倩
狄學謙
劉惠卿
賴寬穎
張睿哲
張品雯

簡宏安
黃浩翔
黃皓庭
魏玉珊
黃存義
黃心亮
黃彥智
莊玲珠
賴思瑜
伯子達
伯子珠
陳穎瑩
江玉瑜
葉書宇
蔣雅君
謝子昊
黃玲娟
陳淑卿
宋淑賢
劉葆聆

劉書菡	等虛空如母有情	劉欣媛
劉冠巖	朗欽加布	禧異媽祖
藍素怡	恭秋涅敦滇貝尼瑪	聖度母
高金雄	陳周康	李碧雲
陳旭杉	高安莉	沈秀明
周恒弘	林玉瓊	陳劍玲
吳大綸	簡茂源	高鈺倫
陳怡頻	林絹換	劉人源
許朝凱	簡國安	鄭華陽
林雨青	陳森榮	林采瑩
江盈陞	蔡絹枝	林盈綺
張婷雅	蔡宗燁	林芮儀
朱家慶	鄧明琴	洪國益
黃　荻	林麗珠	蔡毅澄
禧吾媽祖	洪崇益	詹桂珍
黃耀正	林虹君	蔡銓城
陳佳梅	吉祥眾會主	林泓志
蔡慶齡	李冠龍	賴巧諭
朱謹伶	李艷榕	吉祥眾會主
張寶原	熊慧行	盧　珍
黃聿豐	王鏡宇	夏章銀
馮靖熙	葉美惠	蘇郁婷

李拉芃	蔣宜家	江婕寧
李敏鎬	蔣宜民	鄭採衛
林釗漢	賴彩秀	呂俊源
康而樂	周宜樺	詹謹蓁
帝釋天王	翁唯哲	蘇秀莉
大梵天王	蕭　磚	尤亜薇
堅牢地神	王志豪	尤錦崑
陳挈之	陳行葳	林璟豊
吳秉原	曾翊嘉	林詠軒
王富德	謝瑞善	李佩珊
蕭尤雯	游哲銘	蔡修齊
林佑翔	黃雅淩	黃詩雅
謝秉祐	李潤澤	張益瑞
林　鳳	朱容慈	高　銘
陳迺賢	黃東海	曾敬媛
黃建峰	劉　月	林佳薇
沈良甸	黃寶達	陳加鋒
陳幸美	黃逸聖	戴依庭
沈杍庭	黃大祐	謝依宸
汪靜玉	賴錫江	謝昀蓁
蔣文華	廖　幼	
蔣潘秀子	賴美智	

得此道心，成為無畏

《菩薩生活建言錄詳解．深廣無邊大乘法海之精髓》第一部

作者｜寂天菩薩、巴沃祖拉稱瓦

編譯｜羅卓仁謙

責任編輯｜江致潔

美術設計｜黃子恆（恆設計）

發行人｜羅卓仁謙

出版｜鷲峰出版社有限公司

地址｜115 臺北市南港區玉成街 181 巷 22 號

電話｜02-2651-9259

信箱｜vulturepeakpublication@gmail.com

臉書專頁｜鷲峰出版社 The Vulture Peak Publication

劃撥帳號｜50435229 鷲峰出版社有限公司

總經銷｜聯合發行股份有限公司

地址｜231 新北市新店區寶橋路 235 巷 6 弄 6 號 2 樓

電話｜02-2917-8022

初版首刷｜2025 年 1 月

ISBN｜978-986-98638-6-5（平裝）

978-986-98638-7-2（EPUB）

定價｜NTD 260 元

國家圖書館出版品預行編目（CIP）資料

得此道心，成為無畏：《菩薩生活建言錄詳解．深廣無邊大乘法海之精髓》第一部／寂天菩薩、巴沃祖拉稱瓦作，羅卓仁謙編譯
初版／臺北市：鷲峰出版社有限公司，2025.01
320 面；14.8×21 公分／ISBN 978-986-98638-6-5（平裝）
1. CST：藏傳佛教　2. CST：佛教修持　3. CST：佛教說法

226.965　　113018718